中國學術思想
研究輯刊

三六編

林慶彰 主編

第 2 冊

荀子生命教育思想研究（下）

李欣霖 著

花木蘭文化事業有限公司

國家圖書館出版品預行編目資料

荀子生命教育思想研究（下）／李欣霖 著 -- 初版 -- 新北市：
花木蘭文化事業有限公司，2022〔民111〕
目 6+168 面；19×26 公分
（中國學術思想研究輯刊 三六編；第 2 冊）
ISBN 978-626-344-045-6（精裝）
1.CST：（周）荀況 2.CST：荀子 3.CST：學術思想
4.CST：生命教育
030.8   111010185

ISBN-978-626-344-045-6

中國學術思想研究輯刊
三六編　第 二 冊   ISBN：978-626-344-045-6

荀子生命教育思想研究（下）

作　　者　李欣霖
主　　編　林慶彰
總 編 輯　杜潔祥
副總編輯　楊嘉樂
編輯主任　許郁翎
編　　輯　張雅淋、潘玟靜、劉子瑄　美術編輯　陳逸婷
出　　版　花木蘭文化事業有限公司
發 行 人　高小娟
聯絡地址　235 新北市中和區中安街七二號十三樓
　　　　　電話：02-2923-1455／傳真：02-2923-1452
網　　址　http://www.huamulan.tw 信箱 service@huamulans.com
印　　刷　普羅文化出版廣告事業
封面設計　劉開工作室
初　　版　2022 年 9 月
定　　價　三六編 30 冊（精裝）新台幣 83,000 元　　　　版權所有‧請勿翻印

荀子生命教育思想研究(下)

李欣霖 著

目

次

第四章　荀子的生活藝術與涵養

　　荀子生活藝術是以理與禮合一的生活為其情智基礎，他為人們提供必要元素，將人格與情緒統整，養成自省自覺的習慣。當人如果無法自省自覺，就容易在當下的情境做出直接的反應，結果往往是意氣用事，造成某種人生的遺憾。賀欽斯（Maynard Hutchins，1899～1977）提出「暫停按鈕」（pause button）的觀念，認為：「每一個人都應該努力培養一種讓當下暫時停格的能力，這樣才能在事發與回應之間保有反省的空間與抉擇的自由。」〔註1〕如果事情發生時可即時按下暫停之鈕，如此急事可以緩和，人也就不會陷溺理智蒙蔽的情緒中，也不會看不到內心真正的感受以及真該作的事。人在情緒不當的情況下都能夠按下這按鈕，這是知覺經驗的導向。

　　然而這種能力是不容易養成的，能夠在適時的情況按下按鈕，一定是經過平常的培養，這種養成是屬於理性的、合乎禮的知行，荀子對眾人的智情意的訓練提供了平時的涵養。他強調禮在人類生存在上所具有的重要地位，在人格的教育的過程，是「始乎為士，終乎為聖人」，充分的表現出人重於禮，而人因禮而為賢為聖，這就是生命與禮並重的觀念，人的學習以生命為內容，以禮為綱骨，是以彰顯禮在生命教育中的重要性。本章屬於生命教育的人格知情意的涵養，以荀子生活藝術的運用與培養論述中，例舉經典的實踐與涵養、音樂的薰陶與化育、語言的運用與人際溝通、文學藝術及其生命情調等方向展開其論述。

〔註1〕賀欽斯著，陸有詮譯：《民主教育中教育上的衝突》（台北：桂冠出版社，1997年），頁77。

第一節　荀子對經典的研讀與推動

經典是人文的代表，讀經是文化母語的傾聽，也是聖人智慧的誦習，以經為教更是儒者掌握知識、建立人格及成就功業的依靠。儒家教人從小灑掃應對、待人接物的準則，漸而能挺立做人做事的節操，這一切都要從讀經開始。學者王財貴推動「讀經教育」，建構了完整的論述，他特別強調「兒童讀經教育」，曾說：「兒童讀經教育，顧名思義可包含教育的三個面向，即教學對象為兒童；教學內容為經典；教學方法為誦讀。」〔註2〕目前成為推動兒童教學的範式，也為中國文化帶來重新閱讀的風潮。

讀經自孔子首創私人講學開始，以五經為其教材，門下弟子三千，精通六藝者七十多人，可謂以以經為教的典範。孟荀都是戰國時儒學的代表，皆以弘揚孔子的儒家精神做出了重大貢獻。司馬遷說：「天下並爭於戰國，儒術既絀焉，然齊魯之間，學者獨不廢也。於威、宣之際，孟子、荀卿之列，咸遵夫子之業而潤色之，以學顯於當世。」〔註3〕從生命教育的觀點來看，他們都為人民提供了生活安頓之道。荀子曰：「故《書》者，政事之紀也；《詩》者，中聲之所止也；《禮》者，法之大分，類之綱紀也。故學至乎《禮》而止矣。夫是之謂道德之極。《禮》之敬文也，《樂》之中和也，《詩》、《書》之博也，《春秋》之微也，在天地之間者畢矣。」（〈勸學〉）可以知道荀子非常重視經典的研讀與教育而且以身作則，就以下各點展開荀子與讀經之間的關係：

一、荀子對五經的研讀與推動

荀子重在為學，在〈勸學〉中不斷強調，學習的目標、步驟與方法，無不勸人重在學習，並認為學習的目的，乃是「關係到一個人，是人或禽獸，故為學的目的在於美身——美化自己的生命，透過道德實踐使自己的生命，成為有德的生命，即成個人。」〔註4〕而荀子讀經的教材，乃是以《詩》、《書》、《易》、《禮》、《樂》等為經典，其中的《禮》更是「法之大分，類之綱紀」（〈勸學〉）的「禮」，故重在於教化的實踐與作用，乃有統經歸禮的意涵。

如在對於《詩》的學習上，〈大略〉云：「《詩》曰：『我言維服，勿用

〔註2〕王財貴等：《讀經教育理論與實務》（台北：洪葉出版社，2011年6月），頁2。

〔註3〕司馬遷：《史記·儒林列傳序》（北京：中華書局，1959年），頁3116。

〔註4〕何淑靜：〈由「聖人」看荀子的「知禮義」與「虛壹靜」〉，《當代儒學研究第十一期》（2011年，12月），頁52。

為笑。先民有言，詢于芻蕘。」言博問也。」這是引〈大雅·板〉之文。《毛詩》：「芻蕘，薪采者」。鄭玄〈箋〉：「服，事也。我所言乃今之急事，女無笑之。古之賢者有言，有疑事當與薪采者謀之，匹夫匹婦，或知及之，況於我乎。」這是用來表達民情，已知的觀念，也是〈大略〉所要說明的地方。又如〈勸學〉云：「《詩》者，中聲之所止也。」楊倞注：「《詩》謂樂章，所以節聲音，至乎中而止，不使流淫也。」乃是內在的中和而言，以內外之均衡為中，這是詩經的教化效果。故《毛詩》認為：「情發於聲，聲成文謂之音。」此說和〈勸學〉、〈樂論〉之義相同。又云：「《詩》、《書》之博也。」（〈勸學〉）君子多讀詩、書兩經，將可以增廣見聞與視野，這與孔子說：「多識於鳥獸草木之名」（《論語·陽貨》）之說的意思相同。又云：

> 故風之所以為不逐者〔註5〕，取是以節之也。小雅之所以為小者，取是而文之也；大雅之所以為大者，取是而光之也；頌之所以為至者，取是而通之也。（〈儒效〉，頁299）

故對於《詩》的學習，都是離不開道，即其文學觀也是依此「理」而建立。其詩樂的觀念，也是強調要符合先王之道、禮義之統等觀念。〈樂論〉也提到：「聽其《雅》《頌》之聲，而誌意得廣焉，執其幹戚，習其俯仰屈伸，而容貌得莊焉，行其綴兆，要其節奏，而行列得正焉，進退得齊焉。」認為先王制《雅》《頌》之音，以感動人心之善，使人進退之禮得序。故荀子偏愛《雅》《頌》之章，而對《鄭風》《衛風》之音則有批評，即「鄭衛之音，使人心淫」，但並不否認其重視俗文學的基本態度。荀子也大量地引用《詩》的文句，一方面以詩教純樸之理作為自己立論的重要依據，另一方面以《詩》的表達形式——溫柔敦厚，從而形成自己的表達風格。又在秦始皇焚書坑儒之後，《詩》得以復出流傳，也是因為《荀子》一書，對先秦典籍資料有效保存和運用。

　　荀子認為書經的記載，聖王治世乃是施行禮義道德的教化，如此天下人民就不會作奸犯科而獲得罪名。如果有行奸邪之事，則必須服其應得之罪。「凡人自得罪」一語，〈康誥〉原文是「凡民自得罪」，又如〈君子〉云：「《書》曰：『凡人自得罪。』此之謂也。」認為爵當賢則為貴，不當賢則為賤，故爵罪在人，乃人以賢能為貴，貴在自德非在外爵。又〈非相〉說：「凡人莫不好言其所善，而君子為甚。故贈人以言，重於金石珠玉……故君子之於言無厭。鄙夫反是：好其實不恤其文，是以終身不免埤汙傭俗。故《易》曰：『括囊無

〔註5〕王天海注云：「逐，放也。放，淫蕩也。」，頁302。

咎無譽」，腐儒之謂也。」腐儒之說，是指不愛辯談的人，既無惡可稱，也無善可記的人。〈坤〉曰：「括囊無咎無譽」，與荀子的解釋相同，可看出荀子引經義皆十分嚴謹，力求真實。李學勤曾說：

> 荀子的《易》學來自傳《易》的馯臂子弓。子弓是孔子的再傳，荀子所不及見，但荀子在稷下時，已以善為《易》而著稱。《荀子》中的《易》說有三種表現方式：一種是微引《周易》經文，與孔子相似，如《非相》篇。一種是引用《易傳》，如《大略》篇引《象傳》、《說卦》、《序卦》。還有一種是發揮《易傳》的思想，如《天論》篇本於《系辭》。漢初陸賈之學，得自荀子弟子浮邱伯。漢高祖十一年，即西元前 196 年，他著《新語》十二篇奏上，書中《道基》篇許多內容襲用《系辭》和《天論》，《明誠》篇也是如此，也證明《天論》篇確與《系辭》有因襲的關係。《道基》篇還記孔子定《易》之事。此外，浮邱伯的弟子穆生曾引《系辭》，見《漢書・楚元王傳》。〔註6〕

荀子在《易》學方面也有很大的啟示，如馬積高在《荀學源流》所提出：荀子強調學習，但貴在有悟〔註7〕。劉向在《新書》云：「荀卿善為《易》，其義亦見〈非相〉、〈大略〉二篇」，從此以得以說明荀子易的傳承。

　　《禮記》方面，《禮記》乃孔子弟子及其後學所記而成，但是書中有不少文字和《荀子》記載相同，可知兩者必有一定的傳承關係。張才興認為：「關於《荀子》的真偽和《禮記》（或《大戴禮記》）之說是取自《荀子》，或者是後人將《禮記》（或《大戴禮記》）之文滲入《荀子》之中，雖然歷來學者都有不少的考證，但是到目前為止，可以說都還停留在假設的階段。」〔註8〕鄭玄〈六藝論〉則說：「孔子歿後，七十子之徒，共撰所聞，以為此記。或錄舊禮之義，或錄變禮所由，或兼記體履，或雜敘得失，或編而錄之以為記也。」如說到禮的起源時，《荀子》和《禮記》都有相同的說法。禮是荀子的核心精神，故對禮的記錄也是以經典為據，這裡指出人與生俱來就有多方面的欲求，而欲

〔註6〕李學勤：《綴古集》（上海：上海古籍出版社，1998 年 10 月），頁 15。

〔註7〕馬積高：「荀子亦言『積善成德』（〈勸學〉），「積微者大」（〈大略〉），強調積漸的重要，亦可能受到《易傳》的啟發，但搜易得過細，易流於附會。」其它觀點，可自行參考。氏著：《荀學源流》，（上海：上海古籍出版社，2000 年 9 月），頁 166。

〔註8〕張才興：〈論《荀子》與群經及其在儒學史上的定位〉《逢甲人文社會學報》，第 6 期，2003 年 5 月，頁 111。

求則包括「心理」和「生理」的層面，而且欲求的種類與高低的強弱也有不同。

荀子以人性為基準的群體生活之中，人的欲求必須受到相當的約束才能確保群體的和諧運作，他認為欲求高低會影響人的言行，欲求不能獲得滿足的話，人就會有所燥動，這是一種自然現象；但如果限制欲求，用禮強行節制，也是違反自然的行為。社會的生活是人的本能之一，如果人放任自己的本性，那麼社會動盪會有違法叛逆事情，甚且有淫亂戰事紛起的事情。故禮的拿捏分寸，正是荀子最為重視的教育作用，故創造合理、平等的社會生活秩序是禮的目的。

楚國乃荀子去齊奔楚之後終老之地，他的學說和學風在蘭陵有著廣泛的影響。〈王制〉說到：「宰爵知賓客、祭祀、饗食犧牲之牢數。司徒知百宗、城郭、立器之數。司馬知師旅、甲兵、乘白之數。脩憲命，審詩商，禁淫聲，以時順脩，使夷俗邪音不敢亂雅，大師之事也。」論及官職的置佈，其中許多重要的官名，實多見於《周禮》。馬積高則認為：「序官可以是《周官》的別名，荀子是約取其主要幟制以入其制。」〔註9〕是則序官是為荀卿所傳，可知循禮以序官，荀子乃真正傳授禮的精神，也是荀子禮學中的基本要點。

荀子論及「春秋之義」時，有類似《左傳》之說，如〈勸學〉說：「春秋之微也。」楊倞注：「微謂褒貶沮勸，微而顯，志而晦之類也。」〔註10〕此注和《左傳》成公十四年「春秋之稱，微而顯，志而晦，婉而成章，盡而不汙，懲惡而勸善，非聖人，誰能脩之」之說相合。此外〈勸學〉說：「春秋約而不速」楊倞注：「文義隱約，褒貶難明，不能使人速曉其意也。」〔註11〕這個說法也和成公十四年「微而顯，志而晦」之意是符合的。又〈大略〉云：「春秋賢穆公，以為能變」，可說明《荀子》和「公羊學」的關係，《公羊傳》文公十二年：「秦伯使遂來聘。遂者何？秦大夫也。秦無大夫，此何以書？賢穆公也。何賢乎穆公？以為能變也。」〔註12〕穆公能對於之前的戰則自悔，作秦誓，詢於黃髮之人。足證荀子躬讀《公羊傳》，而且確認《公羊傳》就是解說《春秋》經文之書。張才興說：「西漢董仲舒是『公羊學』專家，他在《春秋繁露》一書中就曾經多次稱讚荀子在『公羊學』上的成就。此外，東漢何休治『公羊學』所作的《春

〔註9〕馬積高：《荀學源流》，（上海：上海古籍出版社，2000年9月），頁160。
〔註10〕楊倞注：《集解》，頁14。
〔註11〕楊倞注：《集解》，頁14。
〔註12〕楊倞注：《集解》，頁588。

秋經公羊解詁》之中也引用不少荀子的話。」〔註13〕如莊公三十一年《傳》《解詁》：「禮，天子外屏，諸侯內屏。」這與〈大略〉云：「天子外屏，諸侯內屏，禮也」，此其一。又如定公四年《傳》《解詁》：「禮，天子雕弓，諸侯彤弓，士盧弓。」這些話則見於〈大略〉：「天子雕弓，諸侯彤弓，大夫墨弓，禮也」，此其二。由以上資料可顯示，荀子乃是「公羊」春秋的傳授者。

在「微言」的精神中以穀梁傳的記載為能保留，張才興提到：「其一是啟發《穀梁傳》的「微言」，其二是保存《穀梁傳》的「佚禮」。因此，可以確信的是，這些資料對後代研究魯學的人來說是非常重要的。」〔註14〕胡元儀《荀卿別傳》云：「穀梁俶亦為經作傳，傳荀卿，卿傳浮丘伯，伯傳申公，申公傳瑕丘江公，世為博士。」〔註15〕《漢書‧儒林傳》：「瑕丘江公受《穀梁春秋》及《詩》于魯申公，傳子至孫為博士。武帝時，江公與董仲舒並。」〔註16〕魯申公為浮丘伯的弟子，荀卿之再傳弟子，故可知五經之傳承，關鍵人物都在荀子。

荀子對五經的傳與教，乃因儒家禮樂文化可為社會人倫的規範和化導。郭紹虞認為：「在荀子以前，莊子、孟子、和墨家固然都是論說辯說理之文的創始者，但是完成嚴謹的論辯說理的體制，應當歸功於荀子。……他不用問答體、不用述言體，而能很有條理地組成一篇結構比較嚴密的文辭，不得不說和他的邏輯思想，和他的文學觀有相當的關係。」〔註17〕這也充分說明荀子在經典方面的訓練是很紮實的，以經為體而文為用，開展其經典的教育。

因此，荀子在經典的教育上繼承了儒家的傳統教學方式和內容，即以《詩》、《書》、《禮》、《樂》、《春秋》等為基本教材，並增加擴充其義理的詮釋，以符合當時的社會現象。在五經科目之中，荀子認為禮是必修的科目，也是教學的核心內容，五經的教育也是為了突顯「禮」教的重要性，用禮來疏導人情的微妙功效，經典和禮教有其相輔相成的作用。

今日對經典研究的觀念，乃要先以紮實傳統根底為考量，然後再輔以時

〔註13〕張才興：〈論《荀子》與群經及其在儒學史上的定位〉《逢甲人文社會學報》，第 6 期，2003 年 5 月，頁 103。

〔註14〕張才興：〈論《荀子》與群經及其在儒學史上的定位〉《逢甲人文社會學報》，第 6 期，2003 年 5 月，頁 106。

〔註15〕胡元儀：《荀卿別傳》，收入《集解》，頁 48。

〔註16〕班固：《漢書》，頁 3617。

〔註17〕郭紹虞：《中國文學批評史》（台北：五南出版社，2009 年 3 月），頁 27。

代需要，如王財貴談到：「一個有自我傳統底子的中國人，才能提供其所有而有所貢獻於世界，這樣反而才是西方人所歡迎的，反而會得到西方人的敬重。」故為人所重，乃因自己看重傳統根本的紮實，不徒是因為外在的言行表現。又云：「因為有了自我文化素養的人，才有足夠的眼光來鑑察別人的文化。」〔註18〕自己的文化都不懂，是人我兩失的人，因為那無法評論自己的文化，也無法評斷別人的文化。從荀子對經典的推廣來觀察，他是一個十分重視歷史傳承的人，一定對前人思想要有深厚理解，才能在時代新潮開發教育作為，一切文化學習最有效的方法就是不斷學習，這也是荀子這麼強調學習的原因。

二、荀子經典學習與全人教育

　　經典是語言的結晶，人文的精粹，聖人的智慧，讀經是所有人類學習言文的直截方法，也是人們擷取文化智慧的方法，林安梧認為：「人經由經典的閱讀使得道因而開顯，道經由人的體會而落實於經典之間，經典因為人的閱讀而侈得道能夠歷久彌新，一直面對到當下的存在情境，而彰顯出它的意義」〔註19〕。故人與經典與道的之間，有很重要的詮釋學的循環關係，三者有著存在的情境與呼應，是生生不息的循環。

　　荀子瞭解到人與經典的對應關係，故教人學習經典就要學到聖人的精全，整體的學習，面面俱到的學習，是要能以一通百，能以道貫之，如此方謂善學。如云：

> 學之經莫速乎好其人，隆禮次之。上不能好其人，下不能隆禮，安將學雜識志，順詩書而已，則末世窮年，不免為陋儒而已。(〈勸學〉，頁35～36)

> 百發失一，不足謂善射；千里蹞步不至，不足謂善御；倫類不通，仁義不一，不足謂善學。學也者，固學一之也。(〈勸學〉，頁42)

這裡是指學習經教要融會貫通，只有融會貫通，能「一以貫之」，才能統知所有的學問，是謂「知通統類」之人。故學習是要專一而至致的事，如「一曝十寒」者，是為不進則退，不能專一也不是君子的行為。市井之人好的少而不良的多，能夠全面徹底地把握所學的知識，才算得上是個君子。又云：

〔註18〕以上兩段，參見王財貴等著：《讀經教育理論與實務》（台北：洪葉出版社，2011年6月），頁76。

〔註19〕林安梧：《新道家與治療學》（台北：商務印書館，2010年6月），頁179。

> 君子知夫不全不粹之不足以為美也，故誦數以貫之，思索以通之，
> 為其人以處之，除其害者以持養之。〔註20〕使目非是無欲見也，使
> 口非是無欲言也，使心非是無欲慮也。及至其致好之也，目好之五
> 色，耳好之五聲，口好之五味，心利之有天下。是故權利不能傾也，
> 群眾不能移也，天下不能蕩也。生乎由是，死乎由是，夫是之謂德
> 操。德操然後能定，能定然後能應。能定能應，夫是之謂成人。（〈勸
> 學〉，頁42）

荀子為了讓人學習完全，又教人「誦數以貫之，思索以通之」，要常用反覆朗讀和訓釋以融會貫通，這正如王財貴所說：「經典的學習方法只有一個，即依照所有語文學習的規律，不必講解與考察，只要反覆而熟練。簡單的說，就是背誦，是反覆誦讀以至於能熟背，這就是吾人所謂的『讀經』教育。」〔註21〕用不斷思考和探索去理解經典，用不斷學習來把握，從而達到排除所有干擾而專一修養。

孟子曾以「天時、地利、人和」三要件的配合為文化要訣，荀子採「天生人成」為文明立教，儒者都是要為天人統類找到教育的方法，使人人達到君子的人格典範。蔡仁厚說：「學至於全而粹，則內可以貞定自己，外可以應事處變，如此便是成德之人。」〔註22〕成德之人，使眼目所見不再是欲望之景，耳朵所聽不再是靡靡之聲，嘴巴所說不再是撥弄是非之語，內心所想不再是想入非非之處，這樣君子就是已經達到完全學習的理想境地。君子通過勸學的積學，漸漸掌握了工夫，日後自有效驗可期，故曰：「積善成德，而神明自得，聖心歸焉」、「君子博學而日參省乎己，則知明而行無過矣。」（〈勸學〉）積善是學禮日久，也就是君子博學；成德是符合禮義法度，即參省於己。如此則聖心漸顯，聖人氣象也能漸足，而能知明而行無過，頗似孔子「從心所欲不逾矩」的境界。故學與德是相關聯的，而其中的關鍵是「禮」。〈勸學〉則點出先要「入乎耳，箸乎心」，其後才能「布乎四體，形乎動靜」。也就是說，

〔註20〕王天海注云：「誦數誦讀。數、讀，上古同屬屋韻，故得相通。正名篇『誦數之儒』，誦讀之儒也。『誦數以貫之』，與下文『思索以通之』，此二句互文見義。猶言誦讀、思索以貫通之。」，《荀子校釋》上冊（上海：上海古籍出版社，2009年10月），頁44。

〔註21〕王財貴等著：《讀經教育理論與實務》（台北：洪葉出版社，2011年6月），序頁7。

〔註22〕蔡仁厚，《孔孟荀哲學》（台北：臺灣學生書局，1999年9月），頁484。

「箸乎心」作為君子之學的標準來看，是道德行動中的一件要項。因為，如若一切的道德行動並不是在「心」上紮根，則所有的行為當非「為己」之方。楊儒賓認為：「如此之觀點，代表著荀子和孟子一樣，在「踐形」的課題上，應該存在一種「內外」連續的關係。」〔註23〕故依荀子，禮是生命之學，是成德之教，禮所追求的是生命的覺醒、聖心的復位，禮義法度所運轉的世間。

聖人也是由人修養而來，聖人凡人雖然認知不同，荀子欲勉人行善，以成君子，用以堅定並提高凡人的自信心，以教育之，必須要有聖王的推動。〈王制〉有言：「司徒脩六禮以節民性，明七教以興民德。」荀子以為學校教育之中，最重要在於禮義的實踐，以及道德的修養，而聖王之政即在此處顯揚，此說明君王以禮教化百姓，導引百姓之性情為禮義之情的重要性，則君王富國強兵之情的基礎。「荀學的精神，雖然比較重視現實人生的效益，但是當他在塑造理想人格的形象時，卻仍然是偏重於道德操守，這正是荀子不失為一個大儒的地方。」〔註24〕學習最高目的，就是讓自己達到「通倫類、一仁義」的健全人格。

今人讀經要知道，荀子乃開出研究經典的意義，他讓人們重視對於客觀條件的考察，這一社會脈絡讓華人意識認同，對於生存、創新、求變的原則下，儒家不斷地在對世局重新尋找意義，荀子禮更能彰顯人生存在的價值，體驗生命的真諦，並在其經典的教育覺與反思中，找到安頓之道。

三、荀子經典教育的特色

荀子的經教作用，乃以積習成智的學習，傳續了傳統經典的研讀觀念，即以一個權衡的標準，標準就是「道」，認知心一定要知道，知道就是一種解蔽工夫，這個「道」即是先王之道，道的本質就是禮。荀子強調教化方法，是「始乎誦經」最後以禮為讀經的範式。如拿特普（paul natorp，1854～1924）認為「教育」一詞，以「陶冶」或「教化」之說更易說明。〔註25〕這一說頗

〔註23〕楊儒賓：《儒家身體觀》（台北：中央研究院中國文哲研究所，1996年12月），頁69。

〔註24〕鮑國順：《荀子學說析論》（台北：華正書局，1993年10月），頁67。

〔註25〕拿特普認為：「使渾沌的事物經人工的努力改造而有具有一定的型態，使成為理想的事物。即以自然性為基礎，在此基礎上，增加人類所賦予的價值，要實現這個理想，必須使自然性趨於理性化，這就是『個性的社會化』或『自然的理性化』。」引自伍振鷟、林逢祺、黃坤錦、蘇永明等合著：《教育哲學》（台北：五南文化，2013年），頁67。

同儒家以禮教化人民的思想，而這樣的教化，亦同的現今的成人教育、終身教育等觀念。荀子〈王制〉有言：「司徒脩六禮以節民性，明七教以興民德。」以為學習與教育中最重要在於禮義的實踐，以及道德的修養，而君子即在此處顯揚，此說明君子以禮教化百姓，導引人民之性情為禮義之情的重要性，則君王富國強兵之情的基礎。鮑國順說：「荀學的精神，雖然比較重視現實人生的效益，但是當他在塑造理想人格的形象時，卻仍然是偏重於道德操守，這正是荀子不失為一個大儒的地方。」〔註26〕學習最高目的，就是讓自己達到「通倫類、一仁義」的君子人格。

荀子不斷表達，學習的範圍則要廣博，從知識的累積，漸積為道德的修善，人格的完成，乃至善群治國以端正天下，這些都是要經由禮的教育。荀子對經典要有歷史性與社會性的做法；又以禮為學，認為人性有著與萬物不同的特殊又普遍性，乃立禮為個體挺立的原則以應世間的環境變化，使得經典與真理應用在人的生活之中。正如郭紹虞云：「傳統的文學觀，本來是把明道、徵聖、宗經三種意義合而為一的，所以我以為傳統的文學觀，其根基即確定於荀子。」〔註27〕荀子以大儒能深知其類，應萬事之變而無窒礙，以法行、以類舉，以一行萬，教人以達聖人之境。故以經教響影而言，荀子禮學教育所詮釋乃是仁、禮、心等之內容，是自覺價值的判斷，是實踐好善惡惡的教育，故經典必然要化為行動而在日常生活中具體實現；就哲理體現而言，經典以禮做為化性起偽的活動中，生命全然表現人格價值之實踐與成長，進而也就取消了身心、社會、國家的對立或不和諧，荀子經教是一種實踐的儒學，是儒學本質傳承的意義，也是重視生命價值的開發與人類尊嚴的貞定，他擘畫出人類走向格致誠正修齊治平的終極理想。

荀子其傳經與教育的啟發與影響，從五經之傳教來看，荀子體認經典是處於生活的現實，因應人類的需要而存在，經典也藉由人們讓真理在場中呈現出來，並以教化世人與風俗，經典不是認知的對象，若以認知般的人、物對立場來學習，並不會超過原來的精神，生命也不會有所增長，荀子以此認知，展開經典與教育所呈現活的真理。荀子的經教特色可包括三點：

（一）荀學具有宗經與批判的精神。荀子具備兼容並包的意識，體現了戰國百家爭鳴，逐漸走向學術交融的歷史趨勢，故熊十力云：「宗經之儒，雖

〔註26〕鮑國順：《荀子學說析論》（台北：華正書局，1993年），頁67。
〔註27〕郭紹虞：《中國文學批評史》（台北：五南圖書，2009年3月），頁23。

宗依經恉，而實自有創發，自成一家之學。」〔註28〕荀子即以宗經為主要傳教的思想，以「禮義之統」為其真正的構架，合而言之則一「禮」也。他所要認識是「道」，他的客觀規律是禮的本質與內容，禮雖外在於人，然而人能夠擁有禮，是其政治思想是禮治的自然，禮治文明以是理想的社會國家。荀子〈非十二子〉在學術史、思想史有其重要的價值。荀子對於各家之論「持之有故，言之成理」（〈非十二子〉）然而，因各有主張及理據，適足以斯惑民眾，破壞是非善惡的客觀標準，故社會秩序自然無法維繫。這種思想「百家爭鳴」的時期，各家流於主觀的臆設，而所所見執持一端，為成見所蔽，以致不僅無法走成當初立說的本意，而且反而使得天下議論紛起，人心是非不明，這些都是荀子必須加強以解蔽、正名、辨說的對象為經學奠立千年根基。從《荀子》一書的考察，荀子的批判較具有理智的特徵，及建立了一套分析辯證的客觀理論，在儒家思想中獨樹一格，馮友蘭曾說：「中國哲學家中，荀子最善於批評哲學。」〔註29〕荀子融合批判與辨證兩種精神，成為儒家客觀理論的標竿。

　　（二）荀子對儒學經典的傳授居功甚偉。荀子的影響自漢代開始，如漢初的《周易》、《魯詩》、《韓詩》、《毛詩》、二戴《禮記》、《左氏春秋》、《穀梁傳》等重要典籍的傳授，均與荀子關係密切；而陸賈、賈誼、董仲舒、司馬遷、劉向、班固、王充等人及漢代經師都深受荀子的影響，乃至後代經學的傳承，荀學都具有不可或缺的意義。汪中說：「蓋自七十子之徒既歿，漢諸儒未興，中更戰國暴秦之亂，六藝之傳賴以不絕者，荀卿也。周公作之，孔子述之，荀卿傳之，其揆一也。」〔註30〕經學皆出自荀子，乃為多數學者所肯定。從漢代儒學，不僅「禮學」出自荀學，「詩經學」乃至於「春秋學」都與荀學有關。清儒汪中著《荀卿子通論》認為「荀卿之學，出於孔氏，而尤有功於諸經」，並對荀子的「傳經」作了詳細考證，為經學史研究的學者所基本同意，徐復觀也曾高度評價荀子在經學史上的地位。梁啟超說：「《魯詩》、《毛詩》、《穀梁春秋》、《左氏春秋》，皆出自荀卿，傳有明文；而伏生、轅固生、張蒼、皆故秦博士；《禮經》傳授，高堂生之前，雖不可考，然荀卿

〔註28〕熊十力：《讀經示要》（上海：上海書店出版社，2009 年 7 月），卷 2，頁 109。

〔註29〕馮友蘭：《中國哲學史》上冊（台北：臺灣商務印書館，2015 年 11 月），頁 349。

〔註30〕汪中：《荀卿子通論》，《集解》頁 28。

一書，皆崇禮由禮之言，兩戴記又多採荀卿文字，則其必傳自荀門，可以推見。若是乎，兩漢經術其為荀學者十而七八，昭昭然也。」〔註31〕荀子從〈勸學〉為主要經教的開展，經典做為與人類生命表現及相關活動，儒家的示現為普世人們所學習，儒家經教亦賴荀子而得以傳揚。

（三）荀子關注現實世間的變化，體現經世濟用的精神。荀子講學於齊、仕宦於楚、議兵於趙、議政於燕、論風俗於秦，對當時社會的影響不在孔孟之下。孔子不入秦，荀子卻對秦政、秦俗多予褒獎，而同時批評其「無儒」。這說明他在堅持儒學的基本信念的前提之下，還在努力爭取擴大儒家的政治空間，其所體現的務實精神，是儒者所宗之取法對象。對於時代的變化，儒學必要適應時代環境、進而尋求新的發展作出了貢獻。荀子的思想對以後社會影響是非常深遠的。譚嗣同說：「然荀卿究天人之際，多發前人所未發，上可補孟子之闕，下則衍為王仲任之一派，此其可非乎？」〔註32〕其說，指出傳統社會中的儒家思想，實質上淵源於荀子的思想，蓋荀子對經學之推崇備至，融攝五經思想，並以「禮」貫穿整個思想之核心。

荀子經教的歷史作用和價值，在不同時期、不同階質上的理論特徵、價值取的其所顯露出來的時代精神。人們既希冀國家之一統，又欲社會超脫舊俗之進步，於是荀子的「宗經」、「積習」、「教育」、「客觀」、「批判」等觀點，符合人心求新求變的心態，又發揚於社會生活之思想界表層，而為人們所普遍重視本文從文化詮釋下，人們重視對於客觀條件的考察，這一社會脈絡讓華人意識認同，對於生存、經驗、創新、求變的原則下，儒家不斷地在對世局重新尋找意義。荀子的傳經與教育能彰顯聖人的價值，並可依此體驗生命的真諦，從而在其經教中，得到人生的安頓之道。

第二節　荀子音樂的薰陶與化育

儒學禮樂之教，作為先王制禮作樂的方向，不只是能推動消極地讓身心調和，也能積極的提供存天理、去人欲的生命自覺，更進而開創人倫社會之和諧，推進大同世界的可能。樂教表現在詩樂舞的一體音樂觀，作者對音樂

〔註31〕梁啟超：《論中國學術思想變遷之大勢》（上海：上海古籍出版社，2001年），頁62。

〔註32〕譚嗣同著，蔡尚思編：《譚嗣同全集》（北京：中華書局，1981年3月），頁529。

之「心、情、感、物」的交會中體現樂教，並經由教育培養出的君子人格。君子以中和之道，積極地家國社會從事教化，達到移風易俗、正身安國等境界，故樂乃為儒學「廣博易良」之教。樂教最原初的意義與功能，認為理想的「樂」應該體現宇宙、自然、社會、人生的有節有序與和諧統一，這傳統樂教思想價值中最核心的部分，它在人性和萬物相通的根源處奠基，在最根本處立足。「作樂」是至高道德與權力的象徵，每一朝代的興起都必然伴隨著「制禮作樂」之教，每一朝代都有著標誌其文治武功的樂舞之存在，故審樂以知政。而樂教又能夠帶出移風易俗的作用，因為它能夠為社會塑造多個層次的共同體，使社會不同層次的人群保持和諧，其中也包涵了藝術的開發與人性自覺。

一、論音樂的起源

　　荀子的〈樂論〉和禮記的〈樂記〉有許多重疊的文句〔註33〕，但從成書的整體性來看，荀子〈樂論〉的組織架構是一體而全面，且依照《荀子》通篇完整性來看，他並不需要藉由抄襲《禮記・樂記》內容來表達自己的觀點，加上《禮記・樂記》的邏輯結構較為零碎而散亂，可以推測《禮記・樂記》成書年代應較荀子〈樂論〉晚〔註34〕。荀子在闡述禮思想是，也致力於樂的根源、樂的本質和功用的探討，陸建華說：「由於歷史上禮師一體，禮中有樂，並且禮規定樂，荀子論樂始終圍繞著禮，使樂與禮呈現同功、同源、效法對象相同等面貌。」〔註35〕故荀子云：「樂合同，禮別異，禮樂之統，管乎人心矣。」（〈樂論〉）其論說以禮樂屬於同構性。〔註36〕在對樂的詮解中，實則闡發禮樂對於教化、調和與對治的作用。

〔註33〕 本文在理論建構上，某些觀點也加入《禮記・樂記》的說法。

〔註34〕 此說法仍有學術爭議，本文對此考據問題則放入括號，暫且存而不論。學者姜義華認為：「考〈樂記〉今本，其中確有一部分是《公孫尼子》原文，但又有許多部分同於《荀子・樂論》、《呂氏春秋中》〈音初〉、〈侈樂〉、〈適音〉、「詩屬」、《左傳》、《易・繫辭》、《禮記・祭義》、《莊子》、《孔子家語》。論者或以為此記成書於戰國時代，作者屬於子夏後學，或荀子學派；或以為此記成於漢初，甚至以為漢武帝時雜家公孫尼所著。《史記》中〈樂書〉，抄錄〈樂記〉全篇文字。此記成書最晚不會遲於漢初，其中若干部分，戰國時代當已經成篇。」見姜義華注譯、黃俊郎校閱：《新譯禮記讀本》（台北：三民書局，2012年），頁529。

〔註35〕 陸建華：《荀子禮學研究》（安徽：安徽大學出版社，2004年12月），頁105。

〔註36〕 陸建華說：「禮樂乃同構一詞，意指樂與禮在功能、價值、起源、對象等方面大體相同，以及樂之『和』中有禮之『別』也。」《荀子禮學研究》，頁105。

「樂」的起源與古代宗教有著不可分割的聯繫，由於古代音樂、舞蹈、詩歌三者為一體，所以五聲八音之總名的「樂」，又具有綜合形式的意義內涵，發展到後來政治、社會、生活的須要。禮樂是為儒者重視，故〈樂論〉在對樂的詮解中，實則闡發禮樂對於教化、調和與治療的作用。〔註37〕本文依情本、欲起與心等三個面向，來探討荀子〈樂論〉中音樂的起源。

（一）「情本」之所發。荀子〈樂論〉是中國最早的音樂理論專著，其將儒家「情」的原理原則，落實於音樂的作用上，認為人的感情顯發，以此「情本」發而為音樂，並提供一套音樂理論。特別是人感情是悅樂的時候，內在情感的發聲，就會成為一種音樂。人與人則彼此相應成方，因此發出聲音，聲音中又變化出各種表現特定主題，配合聲音、樂器或舞蹈，並具有一定故事情節的綜合藝術，這就是人情所不能免的，也是「音樂」之起源。故云：

> 夫樂者，樂也，人情之所必不免也。故人不能無樂，樂則必發於聲音，形於動靜。（〈樂論〉，頁 809）

樂的原動力就在於表達人的情感，情感不但是音樂的源泉動力，而且情感的類型決定了音樂形象的個性與特徵。人以心情的變化發生各種聲音，動靜之間使聲音有了變化與形成。〈樂論〉認為樂的本源是因為人之有情，當心一有所動時，就是為「情」，情為因境界而有所發應，不同的發聲互相應和，便會產生變化。所以以情是感受而出，存在於內在狀態，故是為「情本」之說。

情本說即對於最初所起之音，在於人心之情性自感而成，這與西方音樂美學理論中「自律性美學」之說相通，張蕙蕙說：「此一階段之『音』與『樂』隨心變，心為樂主。」〔註38〕此說之隨心的變化，當解為「情」，人的情性在未與境界相感前，它處於未動而內在的狀態。人的認識不是外在的作用，也就是說，對音樂本質的理解不是來自於學習，而是天生之性，人自有其性而感於外物，而能有所發聲，這種聲音展開節奏韻律波動，而成為音樂，這都是性情使然。

（二）「欲起」所應。荀子〈樂論〉掌握到音樂存在性，不但需要感情，

〔註37〕〈樂論〉雖多以樂來論述其理，但其根本精神仍是以「禮樂」同論，故其文中所強調「樂」理，實則包含了「禮」之論。

〔註38〕張蕙蕙：《中國古代樂教思相論集》（台北：文津出版社，1990 年 1 月），頁 165。

而且表現情感時有不可控制的情況，由於情緒的動靜是表達人真實感受，當其發舒在言行的時候，就必須有規範，這裡可以說，荀子仍然預設了人的「性惡」將起，亦即情緒是一種欲望的表達，說欲望發生可能產生爭亂，所以聖人以另一種禮制，即樂的特別形式，將人導入正道，讓人性有著高度和諧的統一。如云：

> 人之道，聲音動靜，性術之變盡是矣。故人不能不樂，樂則不能無
> 形，形而不為道，則不能無亂。（〈樂論〉，頁 809）

音樂的除人情本自發的自律起源之外，另一種的起源則是「欲起」。人的動靜本來沒有喜怒哀樂的常性，當人有感受而動時，是因外在環境而起而有所回應，這回應以人的感受不同而有所表現喜怒哀樂音樂之不同，這樣的情緒是必須合於道，合於道的方式，可以透過樂器之樂音的導引。故云：

> 樂者、樂也。君子樂得其道，小人樂得其欲；以道制欲，則樂而不
> 亂；以欲忘道，則惑而不樂。故樂者，所以道樂也，金石絲竹，所
> 以道德也；樂行而民鄉方矣。（〈樂論〉，頁 819）

故音樂也由某種外在規律所決定，一切情感雖然在音樂中是獨立存在的，但藉由音樂可以有影響人心的作用，故可將之論為「他律的音樂觀」。

　　人的動靜是「情」的作用，情之展現可能是人性欲望的流動，這欲望可以為爭亂，故他律的觀點，荀子認為要以文采節奏的形式，發出音樂調和，就可以成為一種樂教。在《生命的答案，水知道》一書中提到，萬物會會振動，指動是屬於波的運行，所以「聽到音樂，水結晶為什麼會有變化？還有，為什麼聽到聲音或是看到文字，水結晶會呈現不同的面貌？一切都來自於振動，因為水對萬物所具有的周波數非常敏感，會產生直接轉印的動作。」[註39]他並以科學的方法證實音樂的功能可以改變物質生命的分子結構，使水結晶呈現不同的面貌。那麼人情性比之於水，感應萬物的作用，必有更高的靈敏，故而有音樂之緣起。

　　（三）「心」之能所表現。荀子〈樂論〉分析音樂在生活中的情感有密切關係，音樂產生的那一刻起，就是從情感起發的以及欲起的感知，還有一種就是聖人制禮作樂的音樂。聖人體察人有各種喜怒哀樂的情緒，這情緒是要有所引導，故聖人必須按照不同的情境，製造不同的音樂，這是以聖人為主

〔註39〕江本勝著，長安靜美譯：《生命的答案，水知道》（台北：如何出版社，2013
　　　年4月），頁67。

「心之體用表現」的音樂起源。如云:

> 先王惡其亂也,故制雅頌之聲以道之,使其聲足以樂而不流,使其
> 文足以辨而不諰,使其曲直繁省廉肉節奏,足以感動人之善心,使
> 夫邪污之氣無由得接焉。是先王立樂之方也。(〈樂論〉,頁809)

在〈樂論〉中,從自律的情本,又論到他律的欲起,內外兩種音樂的起源;最後以聖人之心可體察人情而制樂,是為三種音樂的起源。音樂的發聲與人的情性之間交互影響的關係,即「倡和有應」,即動靜之間的互動,成為一套「情一欲一心」連續為一體的音樂理論。

二、樂教作用

荀子〈樂論〉所提出音樂對治及教化的理論,可以從身心、人倫與家國社會三方向論述之[註40]。先王作樂本於人的情性之所需,用之於生活之和諧,並輔以循序漸進而達端正社會風俗及天下大定的成就,以下依此三方向論釋之。

(一)樂能調治身心。情性氣質的理性發展到荀子的〈樂論〉,將儒家「禮」的原理原則,落實於音樂的作用上,認為聖人制禮作樂是心之情性感顯,人以此「情本」發而為音樂,並提供一套音樂理論來讓人掌握「情」的作用,以達到依情顯理而為君子、而為天下治的目的。人的情性在未與境界相感前,它處於未動而內在的狀態。如說:

> 使其曲直、繁省、廉肉節奏足以感動人之善心,使夫邪汙之氣無由
> 得接焉。是先王立樂之方也。(〈樂論〉,頁809)

先王制樂就是為了使人悅樂,人不能沒有悅樂,悅樂不能不表現於外在形式,這種外在形式如果不合於規範,便會產生混亂。古代聖王恥於這樣的混亂,所以制作了雅頌之音樂來加以引導人民,使音聲足以表達悅樂之情而不放縱,使歌辭足以表達正確的思想而不間斷,以樂聲的宛轉直捷、繁複簡易、清脆圓潤、節奏快慢等來激發人民向善的心。不可以放蕩之音、邪偏之氣滲進人心,這都是先王制樂的原則。故作者強調人的情感是不可避免的,樂更需要情感的發揮,但情感不能放蕩而為情緒,必須加以適當的節制,而音樂中的

〔註40〕李威熊認為:「樂經所後書寫的符號雖容易失傳,不過樂的儀文卻靠實際的模仿而流傳下來。所以樂經在戰國時代實質上並未完全喪失。史記,漢書以及較早的典籍,都未提到樂經亡佚的事,便是最好的說明。」參見李威熊:《中國經學發展史論‧上冊》(台北:文史哲出版社,1988年12月),頁111。

雅、頌之聲，是疏導人民感情的最好音樂，也是先王的用心，可知作者的人性論依據，正是來自於儒家哲理的標準。

所以「樂者樂也」，這種悅樂的樂是理性所發的樂，而不是情緒滿足的樂。若僅是為了給情緒以滿足，則順著這種要求下去，情緒的自相鼓盪是無止境的，樂的本身也自然會向淫流欲情的方向發展。

樂就是悅樂，人能有此樂，乃在心情通體舒暢、毫無遮蔽；若為物欲所障，此悅樂便間斷了，樂音也會起各種的亂象。陽明也說：「樂是心之本體。仁人之心，以天地萬物為一體，訢合和暢，原無間斷。」〔註41〕這裡指人心需至誠無息，心體之樂便不間斷，工夫便是時習、慎獨，陽明將此工夫歸結為「致良知」工夫，並言「良知即是樂之本體」。認為故良知圓滿，毫無私欲之蔽，乃是真樂。某一種程度而言，荀子也是在追求這樣的解蔽之道，即以禮樂幫助自心悅樂。

（二）樂能和諧人倫。人類除了知性的主體外，也是有感情的動物，所以哭泣的聲音，使人心悲；壯懷激烈之音樂，使人悲亢哀傷等。故荀子不但不反對用音樂來輔導人類的情感生活，還要積極的使用它，使其導引人而以樂成德。故云：

> 齊衰之服，哭泣之聲，使人之心悲；帶甲嬰胄，歌於行伍，使人之
> 心傷；姚冶之容，鄭衛之音，使人之心淫；紳端章甫，舞韶歌武，
> 使人之心莊。（〈樂論〉，頁 815）

對生活世界的一切，心是包含萬有的無限心，心的表現在情中，情者因外而顯，故心是情本與物感的實體，中如「使人心悲」、「使人心悲」、「使人心傷」、「使人心淫」、「使人心莊」，使人心情明白地指出藉諸「樂」的呈顯，可使人能返歸內心之德，人人呈現此德，就達到了聖人作樂的目的。樂作為一種對治的功能，既有情感的真摯性、精神的飽滿性，又有詩文、音樂、動作等美善的形式，其作用鮮明生動，故樂是情本與欲起的結合，這樣的結合是由有品德修養的君子來認知。要成為一名君子不得不懂得聲，不知道聲不足以與論音，不懂得音的不足以與談樂，懂得樂就近於明禮了，禮樂的精義都能得之於心，稱為有德，如此方能成為一名君子。又云：

> 凡姦聲感人而逆氣應之，逆氣成象而亂生焉。正聲感人而順氣應之，

〔註41〕王陽明，吳光等編校，《王陽明全集》（上海：上海古籍出版社，1995 年），頁 194。

順氣成象而治生焉。唱和有應，善惡相象，故君子慎其所去就也。
（〈樂論〉，頁 815）

這裡說出了音樂的演出與人的情性之間交互影響的關係，即「倡和有應」，即心樂之間的互動，「各以類相動」即心物之間的相和，成為一套「心─情─欲」連續為一體的音樂理論。這理將情本與物感的說法共融，則可知音起於人心，人心的感情作用因有喜怒哀樂的起動，而能變化出各種的音樂，而人心因感應於物而成為，但成樂使用後，又反饋地影響到人心。

此心此情，見於人情感生活中，其連情感而論人心，乃是認為人順此情，以自求其禮義的成就，所以能創造出生命的典範，依此態度面對生命一切作為，經驗一切人生之歷程，成就人生的意義。於是我們知道此音樂教化，不只是個體的身心安頓，也得讓天下人都得到身心安頓，如此才能得終極的安頓。林安梧說：「本心就是放在一個非常長遠、非常深廣的一個性情文化的系統裡面說。這樣的意義治療，也就是歷史文化傳統，是就與人的性情德行相關的文化傳統，就當下的觸動而說的。」〔註42〕荀子以樂心之心，是與天地、鬼神、百姓與萬物感通的心，故其音理說法深遠而廣大。

音樂的真實存在著一種超越現實事物的理想，此音樂因而便具有了普遍性及永恆的意涵，故音樂與人銜接與溝通的方式，乃使人與人有機地融合在一起，君臣、父子、夫婦、兄弟、朋友等五倫之間，在真實的自我與人人的生活世界的連繫，因此樂是生命之理，此理通於個體，而個體是含攝於他人的真實自我，故立人極與顯太極可在音樂中得到合體。〈樂論〉強調人的情感不能放蕩而為情緒，必須加以適當的節制，而音樂中的雅、頌之聲，是疏導人民感情的最好音樂，也是先王的用心，可知作者的人性論依據，正是來自於儒家哲理的標準。

人生本來就具有思想感情，但喜怒哀樂的表現是沒有一定的；感應外物激動起來，一定的喜、怒、哀、樂之情才能表現出來。所以，先王根據天賦的情性，審定音樂的度數，制定禮儀的制度，使禮樂符合天地陰陽的和暢關系，調順五行的次序，使得陽不流散、陰不閉塞、剛不暴露、柔不恐懼，陰陽剛柔四種氣質通暢地在體內交流又表現於外部，各得其所而不互相侵奪。然後確定學習步驟，逐步擴大曲調範圍，深入體會音樂的意蘊，進而用來衡量、規

〔註42〕林安梧：《儒學轉向：從「新儒學」到「後新儒學」的過渡》（台北：臺灣學生書局，2006 年 2 月），頁 74。

範人的仁厚之德。使律呂高低合宜，音節前後有序，用以表現人倫關係，使得人倫之道都能通過音樂表現出來，是以通過音樂，可以深刻地觀察社會。

心之律動不已又在和樂聲中不斷地升化擴展，乃至與萬物相流相通而無阻無隔，此時，人之小我與天地之大我相融為一，人與宇宙也合而為一，樂道就也變成了既內在而又超越的存在，而當人透過樂聲與宇宙感通與宇宙合一時，人本身又透過樂參與天地職分。汪烜云：「是故聖人本之性情，稽之度數，制之禮義，以使之合乎生氣之和而道於五常之行，則律呂之用起焉，是聖人所以致中和之用，止於至善者。」〔註43〕他認為樂的律則是天地之氣，這氣自然而然無偏倚，若音樂不能皆和於規律，大到雷霆的響，細小到至螞蟻的氣息都不能成為聲，所以必合於規律之和，則是聲音能中節。乃知音樂是效法天地之太和的度數，所謂發而中節的和聲，必本於規律，合乎天地之生生不息，於穆不已之道。這便展示了音樂本身的上下通貫意義。

生活之中發出的各種不同的聲音，會因人的生性不同而有所產生，人做為生活與生理機能都有其限制，並且亦由此限制而有種種煩惱、病痛以及苦難。君子除了對與禮義相貫通的心有所掌握，對於人倫相應而有的阻礙、逆差、怨懟等也是一存在的事實現象，所以須要加以調治之，使用音樂的原理原則來對調理人民的心，也是君子必須承擔的責任內容。

儒家重視樂，把樂連同與仁來看待，是出於古代的傳承，認為樂的藝術，首先是有助於人格的修養、向上，乃至也可以作為達到仁，成為人格完成的一種工夫。如此則在這種生命好像一股泉水，能平靜安舒而有情致的流了出來，把情欲的泥沙，自然而然地汰去，感情自然而然地節制與滿足，使其與由心所知之天理，得到融和的狀態，使身心「皆由順正。」達到「和順積中，而英華發外。」所以耳目聰明，血氣和平，身心安頓。

（三）樂能移風易俗。儒者關心的是人民與國家，兩者互為一體之兩面，所以其音樂的理論與內容與政教也關係甚切。在國家要先養而後教，重視人民現實生活上的要求，當然也重視人民感情上的要求。太史公曰：「夫上古明王舉樂者，非以娛心自樂，快意恣欲，將欲為治也。正教者皆始於音，音正而行正。」〔註44〕音樂以順應人民感情，在萌未萌之際，加以合理地引導，

〔註43〕汪烜輯：《樂經律呂通解》卷一，（台北：臺灣商務印書館發行，1955年），頁110。

〔註44〕司馬遷：《史記》（北京：中華書局，1959年），卷二十四〈樂書〉，頁1236。

使其棄惡而向善，以致成為不著形跡的教化意義，以深動人心而能移風易俗
易，如云：

> 樂者，聖王之所樂也，而可以善民心，其感人深，其移風易俗。故
> 先王導之以禮樂而民和睦。夫民有好惡之情，而無喜怒之應則亂；
> 先王惡其亂也，故脩其行，正其樂，而天下順焉。(〈樂論〉，頁 815)

> 君子以鐘鼓道志[註45]，以琴瑟樂心；動以干戚，飾以羽旄，從以
> 磬管。故其清明象天，其廣大象地，其俯仰周旋有似於四時。故樂
> 行而志清，禮脩而行成，耳目聰明，血氣和平，移風易俗，天下皆
> 寧，美善相樂。(〈樂論〉，頁 819)

樂是先王用來整飭喜悅感情的；以代表征伐和刑戮的軍禮，是先王用來節制
憤怒的感情，所以先王的喜悅和憤怒之情都能得到正當的顯現。他們喜悅，
天下都會應和；他們憤怒，亂民也會畏懼。故先王治理天下的各種措施中，
禮與樂可以說是最重要的依據。「鐘鼓道志，以琴瑟樂心」荀子除了重視心，
也肯定志的意義，人是要「心身志」合一的禮樂之道，身體是處在現實與精
神的交會中，必須透過教化來培養心志交融、身心交涉與禮樂交流的有機性
的人格。心是在身中完成的，精神不是抽象的存在，而是經由教化與實踐展
現出來，成為一生命人格。這種生命教育是禮樂在人格美的表現與創作藝術
品，不是精神抽象的高玄，而是以「禮」身體的呈現，以「樂」心的踐形而
成，造就了充實而飽滿的形軀，為禮樂並行的真善美的表徵。

以禮樂精神的生命，成為一種美的詮釋，乃肯定人的心志是經由禮樂的
教養，完成了精神化的身體，以樂來美化知能與精神的實踐，強化心志交感
與變化的創作能力，展現出聖人教化下的人格情操，此生命是禮樂之教，體
現了身體圓滿的整全之美。音樂的教化功能，並不是察覺到問題後才進行補
救，而是片刻不可離樂，故樂教是時時保持美善的正向刺激，達到「莫善於
樂」的教育性目標，更是樂教的核心價值。不論在〈樂論〉或〈樂記〉的觀點
上，儒家基本在於如何以音樂教化於人，尤其是人與人之間的關係，故儒家
提出「樂教」的觀點，正是一種體現「人倫」的和諧藝術。

人的情感就是一種美學。劉藍認為：「第一、情感是人類一切動作的原

[註45] 王天海引物雙松曰：「鐘鼓導志，《孟子》金聲，《樂記》先鼓以警戒。」王天
海案：「導，導引。盧謝本、集解本作『道』。樂心，娛悅其心。」《荀子校
釋》下冊（上海：上海古籍出版社，2009 年 10 月），頁 820。

動力，所以我們要用灌注在藝術中的情感來激發人們善良與美好的情感反應；二、情感的性質是本能的，但其力量能引導人達致超本能的境界；三、情感的作用固然神聖，但是情感本身有美好也有醜惡，故此要去醜惡而揚美善；四、情感教育的最大利器就是藝術。」〔註46〕心性情才都是同一心本，以自作主宰，所以自己可以為生命做主，外在的事物，只有了解其性，要提出對應的方法，才可以提供和諧之道，此時人的一心之感便能與天地相似，因物感的覺察而能得此心的慰藉，物起而自覺，自命而自察、自心而自療。當人的心思放大，則宇宙內事即己份內事，我的起應擴及到整個天下蒼生與萬物，所以天下之不適，都是「我」可以對治教化的目標。故用音樂陶冶情感以成德，使其樂而不亂，而能以道制欲。荀子說：

> 樂者，聖人之所樂也。而可以善民心，其感人深，其移風易俗。(〈樂論〉，頁815)

> 故樂在宗廟之中，君臣上下同聽之，則莫不和敬；閨門之內，父子兄弟同聽之，則莫不和親；鄉里族長之中，長少同聽之，則莫不和順。故樂者審一以定和者也，比物以飾節者也，合奏以成文者也，足以率一道，足以治萬變。是先王立樂之術也。(〈樂論〉，頁809)

音樂的演出可以讓人倫達側相當程度的和睦親愛。故作樂一定要詳審人的聲音而確定基調，並配以和聲，考量到各種樂器的特點來文飾節奏，以節拍合成樂年等，父子君臣、萬民替姓都因此而得到正常的軌序。可以說「樂」的本質，可以用一個「和」字來稱述之。「樂」所帶給人們的平和靜謐，〈樂論〉崇尚「中和」之美，通過「樂」之和進而達到「天地人和」。聖人以樂為樂是無庸置疑的，用樂來善民心，移風易俗，是仁者之胸懷，也是先王所認定的。又云：

> 夫聲樂之入人也深，其化人也速，故先王謹為之文。樂中平則民和而不流，樂肅莊則民齊而不亂。民和齊則兵勁城固，敵國不敢嬰也。如是，則百姓莫不安其處，樂其鄉，以至足其上矣。然後名聲於是白，光暉於是大，四海之民莫不願得以為師，是王者之始也。(〈樂論〉，頁814)

文樂武樂的教治，武樂是威怒之軍禮，也可以視為一種「武」中法治的概念。

〔註46〕劉藍：《中國音樂美學》(台北：文津出版社，2006年)，頁335。

「德治」、「法治」都是治理國家的必要手段，儒者認為應該以「德治」為主、而「法治」為輔，實行先德治、後法治的治理方法。而董仲舒認為文武、陰陽不只是兩個形上的原素，而是可以實際上施之於政教的方式，董子以陽為德，陰為刑之說法，把陽當作德道的教化，把陰當作律法的教化，是陰陽、文武、德刑、喜怒的現象以施之於政教，也因此而達到對治人心、天下大定的效果。

音樂的「中和之音」是天地之煦和之反應，人感天地而生，所以中和又是人情不可免的，故聖王制樂要本諸情性，稽諸度數。樂之和的具體內容道出，說明了中和之發行，必符應於音樂的節奏。〈樂論〉以其天人合德的音樂觀、重視禮樂經典的運用、詩歌舞同時並進的方式，發起一連續性音樂統貫，將音樂教育與調治形成實踐的方向。〈樂論〉之音樂教化就是儒家另一套工夫進路，是一種哲學實踐，也是一種生命教育。

三、樂教實踐的例舉

儒學樂教思想，特別重視「和」的概念，如何調和音樂演奏中各種對立元素，而取得形式與聽感的統一，讓身心達到修養上的「和」。更進一步，從修身引申到社會倫理道德層面的「和」。音樂教育在現代已經有了很大的學理論述，吳幸如、黃創華等所著的《音樂治療十四講》說到：「音樂教育與音樂治療有差異，但其關聯性不少，尤其上一世紀初有不少的音師教育學者，開始從重視音樂產品（專而）動學習歷程，從技巧訓練轉而重重視整體人性發展，也就是由『物』回歸到人。」〔註47〕以人性為導向的音樂行為，才是儒學最為重視的教育觀。

樂的內涵廣泛，如云：「詩言其志也，歌詠其聲也，舞動其容也。三者本於心，然後樂器從之。」〔註48〕即詩、樂、舞的融合關係，則成為一綜合體，故「樂」實則可以總而言之而為「禮樂」。為了讓這樣的觀點延續，荀子對於當時學者所提出對音樂不同的看法，要有所反駁，尤其是成為顯學的墨家，對墨子「非樂」觀點提出批判，以正樂教之重要性。儒禮樂之教的實踐，以漢

〔註47〕吳幸如、黃創華等著：《音樂治療十四講》（台北：心理出版，2009 年 7 月），頁 85。

〔註48〕郭沫若分析：「所謂『樂』，它的內容包含得很廣，音樂、詩歌、無蹈，本是三位一體不用說，繪畫、雕鏤、建築等造型藝術也被包含著，甚至於連儀仗、田獵、肴饌等都可以涵蓋。」郭沫若：《郭沫若全集》卷一（北京：人民出版社，1982 年 3 月），頁 492。

朝最為明顯。漢朝取得天下後，也為了表現「治定功成，禮樂乃興」〔註49〕
有其禮樂氣象，官方上有「因秦樂人」制作、武帝造「新樂」，設「樂府官」
等作法。另一方面一些地方上的官吏又大力推動。以及民間自發的樂舞教化，
從「樂府詩」來觀察，都可以看到，當時人民的生活無不是受到儒學樂教的
影響。觀荀子在「樂教」的實踐如下：

（一）駁斥墨子「非樂」的觀點。荀子的樂論，乃對當時諸子思想中對
樂的批評而提出，陸建華說：「道、墨、法等學派的思想批評『樂』，主要是把
『樂』當做政治性存憂，而從樂的社會功能的維度批評其是無價值的存在，
並羅列各罪狀。」〔註50〕特別在〈樂論〉不斷提到墨子的「非樂」之說，乃
有進層地批判墨子的觀點，正是擾亂人心，造成社會秩序紊亂的元凶，如云：

> 墨子曰：「樂者、聖王之所非也，而儒者為之過也。」君子以為不然。
> 墨子之於道也，猶瞽之於白黑也，猶聾之於清濁也，猶欲之楚而北
> 求之也。於乎哀哉！不得成也。〔註51〕
>
> 墨子非之，幾遇刑也。明王已沒，莫之正也。愚者學之，危其身也。
> 君子明樂，乃其德也。亂世惡善，不此聽也。於乎哀哉！不得成也。
> 弟子勉學，無所營也。（〈樂論〉，頁819）

荀子〈樂論〉認為，樂教是與社會功能連接起來，這是儒家樂教建構的理想，
並不斷強調音樂的深遠意義在於調治身心、通和倫理社會及安定天下的作用。
而且樂能表達到君子對言行的警戒，如朱子說：「只是合當喜，合當怒。如這
事合喜五分，自家喜七八分，便是過其節；喜三四分，便是不及其節。」〔註
52〕以音樂來演繹何以為喜怒之中節，可知音樂上的中和之音，不管它表現的
是喜怒、是哀怨，都可以合乎中節而感人至深。

荀子〈樂論〉要人呈現為中和之道，這都可以從淡和中正的雅頌之音來
也表現，而且從喜怒哀樂之感發而發出中節的樂音。然而墨子卻批評樂是聖
人的謬論、儒者的錯誤，如同聾啞不清楚黑白清濁一樣。荀子認為，這是因
為明王不在世，使得一些邪說橫行，墨子如同犯罪，更讓不清楚的百姓陷入
更深的危險，墨子這樣的亂世言行，不是君子所應該要學習的。

〔註49〕司馬遷：〈樂書〉《史記》（北京：中華書局，1959年），卷24，頁1175。
〔註50〕陸建華：《荀子禮學研究》（安徽：安徽大學出版社，2004年12月），頁105。
〔註51〕李滌生：「(墨子)以樂是聖王所不取的，而儒者偏偏提倡，就是錯了。」參
　　　　見《荀子集釋》，（台北：臺灣學生書局，2000年3月），頁461。
〔註52〕朱熹著、黎靖德編：《朱子語類》（北京：中華書局，1988年），頁2250。

　　有道的君子都認為樂是聖王所喜歡的，因為它可以改善人們的心志，可以感人深刻，也可以移風易俗，故蔡仁厚說：「儒家的道理『致廣大而盡精微』，但通過教化的實施，卻能『極高明而道中庸』。因為儒家之道，主要並不在於通過思想理論以使人相信，而是要通過禮樂教化來使人實行。」〔註 53〕又司馬遷以先王音樂之功用是：「天子躬於明堂臨觀，而萬民咸蕩滌邪穢，斟酌飽滿，以飾厥性。故云雅頌之音理而民正，嘄嘄之聲興而士奮，鄭衛之曲動而心淫。及其調和諧合，鳥獸盡感，而況懷五常，含好惡，自然之勢也？」〔註 54〕儒家的禮樂正是教化的具體內容。由禮樂所發生的教化作用，是要人民以自己的力量完成自己的人格，達到社會風俗的諧和。

　　（二）官方對樂教的重視。荀子影響到漢儒的治國，漢儒何以多主張「治定功成，禮樂乃興」。因為制禮作樂而不得其人，便發生反教化的作用，故《中庸》云：「非天子，不議禮，不制度，不考文。」〔註 55〕天子乃受天之明命，負先覺以覺後覺之任，故天子用以教化人民。〈禮樂志〉記載：「漢興，樂家有制氏，以雅樂聲律世世在大樂官，但能紀其鏗鎗鼓舞，而不能言其義。高祖時，叔孫通因秦樂人制宗廟樂。」〔註 56〕可知漢初的宗廟之樂，是叔孫通以秦代宗廟祭祀樂舞加工而成，其雖不屬三代先王雅樂，但其重視樂教可想而知。

　　特別是武帝時所新造的「新樂」為主。秦代已有樂府官，掌管國家的祭典、樂制。《漢書》云：「武帝定郊祀之禮，祠太一於甘泉，就乾位也；祭后土於汾陰，澤中方丘也。乃立樂府，采詩夜誦，有趙、代、秦、楚之謳。以李延年為協律都尉，多舉司馬相如等數十人造為詩賦，略論律呂，以合八音之調，作十九章之歌。」〔註 57〕可知武帝時，正式設置樂府官署，負責收集民間歌謠，後人將樂府所採集的詩歌稱為「樂府詩」〔註 58〕。

〔註 53〕蔡仁厚，《儒家思想的現代意義》（台北，文津出版社，1999 年 3 月），頁 157。

〔註 54〕司馬遷：〈樂書〉《史記》（北京：中華書局，1959 年），卷二十四，頁 1175～1176。

〔註 55〕朱熹編：《四書章句集註》（台北：鵝湖出版社，2008 年），頁 36。

〔註 56〕班固：《漢書》（北京：中華書局，1962 年），卷二十四，頁 1043。

〔註 57〕班固：《漢書》，卷二十二，頁 1045

〔註 58〕近來學者修正傳統說法，認為樂府官署早自秦代即已存在，是宮廷裡負責提供帝王俗樂享受的單位，武帝之世是「更張」、「擴立」，將之規模變大，將此一原先隸屬少府「以供給養」的樂署，提升為負責國家樂舞事務的重要機構。見，臺靜農：〈兩漢樂舞考〉，《文史哲學報》（台北：台灣大學文學院，1950）第一期，頁 264。

　　樂府的設置，不管當時統治階級采詩的目的如何，在客觀上它起了收集和保存民歌的作用，使當時四散於民間僅靠口頭流傳的許多作品得以集中和記錄下來，這在「樂教」上也是具有重要意義的。如《漢書》云：

　　　　然百姓漸漬日久，又不制雅樂有以相變，豪富吏民湛沔自若，陵夷
　　　　壞於王莽。今海內更始，民人歸本，戶口歲息，平其刑辟，牧以賢
　　　　良，至於家給，既庶且富，則須庠序、禮樂之教化矣。今幸有前聖
　　　　遺制之威儀，誠可法象而補備之，經紀可因緣而存著也。〔註59〕

觀於史傳，前後漢有賈誼、王吉、貢禹、谷永、劉向、匡衡、揚雄……等人，或上疏、或為文，提出廟堂用樂應復雅樂、放鄭聲的呼籲。雖一時收到作用，若是恰好遇上凶年，帝王多半省減宮中的倡優樂人數目以虛應悄事，但多數時候根本無動於衷。

　　宣帝甚且曾明白表示鄭衛之音有「虞說耳目」〔註60〕之用，則顯然不理會王吉諸儒的規勸不以為然。但即使經學家，也無法抵抗俗樂的愛好，如《後漢書》記：「融才高博洽，為世通儒，教養諸生，常有千數。涿郡盧植，北海鄭玄，皆其徒也。善鼓琴，好吹笛，達生任性，不拘儒者之節。居宇器服，多存侈飾，常坐高堂，施絳紗帳，前授生徒，後列女樂。」〔註61〕可知鄭衛之聲對於人心的影響深遠，朝野上下都沉溺在鄭衛之聲當中滿這種情形，自然讓一再強調禮樂教化的儒者感到痛心疾首。

　　儒者的批評視為一種自覺的行為，這種自覺一種屬於人文反省之實踐，如〈樂記〉云：「樂由中出，禮自外作。樂由中出故靜，禮自外作故文。」樂發自內在的真誠，表現在外的方式就是禮。所以儒者的評語及朝廷的罷廢，都是說明對樂教精神不可或缺的重視，礙於潮流的事實而無法抵抗，也視作是另類反動的實踐。然而卻有另一股地方官的力量在推動著禮樂之教，歷史上有一醒耳目的功效。

　　（三）地方官的推動。漢代儒者在朝廷裡的功能與角色起先都受到限制，從漢初到武、宣之世，帝王們似是優禮儒生，實際上對儒術並非真心喜好，多半是將儒術做為一種緣飾朝政的工具，實際上治理國家時乃好帝王之術，儒生的理想，自然無法在朝廷中找到揮灑的空間。雖然到了元帝上位以後，

〔註59〕班固：《漢書》卷二十二，頁 1074～1075。
〔註60〕班固：《漢書》，卷六十四下，頁 2829。
〔註61〕范曄：《後漢書》（北京：中華書局，1965 年），卷六十上〈馬融傳〉，頁 1972。

儒生的政治地位才提高到在朝中舉足輕重的地位，但是大多也只能持祿保泰、無所作為。儒生對儒學樂教精神，主要還是在出任地方官這方面的成就。

余英時在〈漢代循吏與文化傳播〉〔註62〕一文中，曾經以「大傳統」與「小傳統」的概念，說明漢代儒者在當時向全國推行其政治社會、文化教育方面的理念。將先秦儒家以降所一貫主張的仁、德之治與禮、樂教化等政治、文化價值系統向民間社會傳播，以建立一個新的文化秩序。儒家教義，正是所謂漢代的「大傳統」，或者稱之為社會上的「菁英文化」，而民間文化則是「小傳統」，也就是一般所稱的「通俗文化」。

在中國，大傳統與小傳統之間常常是流動而互相影響的。大傳統往往來自於小傳統的提煉加工，所謂「禮失求諸野」之謂也，最後也還要回到民間去影響一般民眾。漢儒將儒家教義的大傳統推行到全國各地，主要靠的是一批多數出現在西漢宣帝以後的「循吏」。他們大多以地方官的身份，到各地去實現其心目中的儒家價值觀，以「師」的身份從事地方百姓的教化工作，以興學校、移風俗、治禮樂為要務。〔註63〕如宣帝之世，有韓延壽教化地方最為知名：

> 韓延壽字長公，燕人也，徙杜陵。延壽為吏，上禮義，好古教化，所至必聘其賢士，以禮待用，廣謀議，納諫爭々舉行喪讓財，表孝弟有行々修治學官，春秋鄉射，陳鍾鼓管弦，盛升降揖讓，及都試講武，設斧鉞旌旗，習射御之事。〔註64〕

> 建初元年，遷山陽太守。以禮訓人，不任刑罰。崇好儒雅，敦明庠序。每春秋饗射，輒修升降揖讓之儀。乃為人設四誡，以定六親長幼之禮。有遵奉教化者，擢為鄉三老，常以八月致酒肉以勸勉之。

> 吏有過咎，罷遣而已，不加恥辱。百姓懷愛，莫有欺犯。〔註65〕

韓延壽與秦彭，都在其地方郡守任內，以儒家教義作為推動政務的指導原則，而非謹守一般郡守原所擔當的事務。他們的讓人樂道的政績主要是興立學校，推行禮樂教化的仁德之政，並且透過這些舉措，長期改變了本來鄙陋的地方

〔註62〕 參見余英時：〈漢代循吏與文化傳播〉《中國傳統思想的現代詮釋》（台北：聯經出版，1987 年 3 月）。

〔註63〕 余英時：《中國傳統思想的現代詮釋》（台北：聯經出版，1987 年 3 月），頁 183～190。

〔註64〕 班固：〈韓延壽傳〉《漢書》卷七十六，頁 3210～3211。

〔註65〕 范曄：〈秦彭傳〉《後漢書》卷七十六上，頁 2467。

風氣，堪稱典型的「移風易俗」。史傳中所見「修禮樂」云云，其實是講到以禮論樂，〈樂記〉的「禮樂」也帶著此種涵義。故官吏為當地人民訂立了一套合乎儒家教義的儀式禮節，〈韓延壽傳〉所言的「陳鐘鼓管絃」之類而禮樂合稱也，不能不說，這都是荀子「樂教」的延伸。

漢代民間宗教祭祀活動中普遍伴隨著歌舞表演，儒家官員未曾嚴格壓制民間俗樂，或許與漢儒去古未遠，深明原始儒家「治身」與「治民」之間的差異有關。「前者是君子自我的修養工夫，必需嚴格自我要求；後者則是治理後知後覺的一般百姓，應當以寬容仁愛為主，兩者之間絕不可混淆。」〔註66〕循吏以儒家禮樂推行教化，在漢代產生巨大的成果，特別是到了東漢以後，儒士表彰氣節影響力大為提高，朝廷雖未必真能完全服膺儒教，純以禮樂道德治天下，但在帝王大臣以下都研習儒術、頗有儒風的情形下，儒術已脫離西漢時僅供朝廷點綴緣飾的窘狀，而成為國家的主要意識型態。加上通經致仕道路大開，郡學庠序，廣遍天下。

從漢代社會的表現，可以看到音樂可以使人更加瞭解自己，並且能夠知行合一，真正達成「君子以好善，小人以聽過」的音樂教化。荀子論樂也歸結到「道」，故云：「凡樂之不合雅頌之聲者之奸聲，荀子之論詩樂，原來也是從他的文學觀方面出發的。」〔註67〕樂教對於人生觀，是情理和諧是一切倫理正常的前提，做到了以音樂為教化的規範，荀子以音樂藝術與實踐得以開展禮教，使得人生的現象在倫常中移風易俗的作用，「樂教」也真正達到了的作用，正是儒家關懷的核心。

第三節　荀子語言的運用與人際溝通

當人有了經典的薰習，談吐語語之間自然表現出悠雅與智慧，利用言語來溝通人情事故能力，也象徵儒者的修學品第。談話是君子的一種人際溝通上的運用，也是一種人格藝術，故談話之間卻可以表現出君子的涵養，中西方學者都十分強調溝通的重要性，如阿德勒認為：「人與人之間本來就不可能互相理解，因此為了增進理解，除了努力溝通別無他法。而認為對方無法

〔註66〕余英時：〈漢代循吏與文化傳播〉《中國傳統思想的現代詮釋》（台北：聯經出版，1987 年 3 月），頁 190。

〔註67〕郭紹虞：《中國文學批評史》（台北：五南圖書，2009 年 3 月），頁 25。

溝通的人，其實一開始就沒有溝通的意願。」所以溝通是為了與對方達成協調，並解決問題，若不願意溝通的人，其實也就是看不起對方，故阿德勒又說：「不願意用言語溝通來解決問題的人，代表他認為對方比自己低等，所以溝通了對方也聽不懂。」〔註68〕這就是一種上對下的縱向心態，就很容易產生以暴力來解決問題。

　　荀子也特別重視言語的溝通，所提出其理論觀點，是儒家中十分獨出的看法。他認為以談說為溝通技巧，需要運用到辯術，其準則就是要以「禮」，以禮的正當性與之溝通，並勸服對方，更要使之心服口服。西方學者斯金納（Quentin Skinner）也曾說：「如果人們要說服他人接受理性、發現真理的話，辨說是不可缺少的。」〔註69〕荀子則認為，君子「無勢以臨之，無刑之禁之」，故談說之間可能不得已而要進行「辯說」，如云：「辯說者，不異實名以喻動靜之道也。」說與辯之間，「說」是解說，而「辯」是證成，談說也就是辯說〔註70〕，是以從談說要領、要有益於溝通、而且要辯而不爭，乃可順禮義之道，行人我溝通，這正是君子言語溝通的要領。

　　可知荀子在言語溝通趨於實用的談說方式，他用心良苦地在其論中提出「談說」的重要性，除了端正自我之外，更是為了達成一種溝通效果。

一、談說的要領

　　在「聖王沒，天下亂，姦言起」的時代，荀子必要有一套面對亂世的準備，這準備是君子要以談說之術來面對之諸家之論。由於戰國中晚期談辯之說極為盛行，從事談辯的人認為自己從事的正是「明貴賤」、「辨同異」的工作，對於戰國時期的談說活動，從諸子的記載可見一斑：

　　　　《墨子·小取》：夫辯者，將以明是非之分，審治亂之紀，明同異之處，察名實之理，處利害，決嫌疑。〔註71〕

　　　　《莊子·齊物論》：聖人懷之，眾人辯之以相示。故曰辯也者有不見

〔註68〕以上阿德勒的觀念，參見岸見一郎：《拋開過去，做你喜歡的自己——阿德勒的勇氣心理學》（台北：方舟文化，2015年4月），頁97。

〔註69〕昆廷·斯金納著，王加豐等譯：《霍布斯哲學中的理性與修辭》（上海：華東師範大學出版社，2005年），頁98。

〔註70〕楊倞注：「辯，謂能談說也。」《荀子集解》，頁83。

〔註71〕墨翟著：《四部叢刊子部》（上海：涵芬樓影印，嘉靖版），卷十一，〈小取〉四十五，頁105。

也。夫大道不稱，大辯不言……，敦知不言之辯，不道之道，若有
能知此，之謂天府。〔註72〕

《孟子‧滕文公下》：公都子曰：外人皆稱夫子好辯，敢問何也？孟
子曰：予豈好辯哉？予不得已也。……我亦欲正人心，息邪說，距
詖行，放淫辭，以承三聖者。豈好辯哉！予不得已也。〔註73〕

《韓非子‧問辯》：人主者，說辯察之言，尊賢抗之行。故夫作法術
之人，立取舍之行，別辭爭之論，而莫為之正。是以儒服帶劍者眾，
而耕戰之士寡，堅白無厚之詞章，而憲令之法息。故曰，上不明則
辯生焉。〔註74〕

《呂氏春秋‧正名》：君子之說也，足以言賢者之實、不肖者之充而
已矣、齊（湣王）周室之孟侯也，太公之所老也。桓公嘗以此霸矣，
管仲之辯名實審也。〔註75〕

墨家、名家，道家、法家、縱橫家諸家都知道言語的重要，儒家也常常把別家
之言，當作「邪說」、「淫言」，而「正名」是這一個時代的重要課題。

　　荀子正名與名分之正不同的，要正的是語言產生的過程，即「期命辨說」
中出現的混亂。荀子看到了這種現象，曾說「故知者為之分別，制名以指實，
上以明貴賤，下以辨同異。」（〈正名〉），談說者之說難免要有「辯」的能力，
辯就要能判明是非，荀子認為依禮只有王者可以「制名」才能夠「談說」，能
夠「正名」，這正是荀子為什麼在尋求「正名」之前，首先要與諸家之辯的理
由。如果人人都宣稱自己有能力判明「是非」、確立「是非」，那結果就必然導
致「是非」大亂、標準喪失，從而形成社會國家的危亂，這種憂慮不僅僅在
〈正名〉中看出，在《荀子》其他篇章中，也常常可以發現。荀子認為，真正
的談說，是合禮義的談說，而且是君子的可貴之處，如云：

談說之術：矜莊以蒞之，端誠以處之，堅彊以持之，分別以喻之，
譬稱以明之，欣驩芬薌以送之，寶之，珍之，貴之，神之，如是則

〔註72〕莊周著，王孝魚整理：《莊子集釋》（台北：萬卷樓圖書，2007年），頁93。
〔註73〕朱熹編：《四書章句集註》（台北：鵝湖出版社，2008年），頁271。
〔註74〕韓非著：《韓非子‧三》《四部叢刊子部》（上海：涵芬樓影印），卷17，問辯
　　　　41，頁47。
〔註75〕呂不韋著，高誘訓解：《呂氏春秋‧三》《四部叢刊子部》（上海：涵芬樓影印），
　　　　卷16，頁129。

說常無不受。雖不說人,人莫不貴。夫是之謂為能貴其所貴。傳曰:

「唯君子為能貴其所貴。」此之謂也。(〈非相〉,頁 192)

對於那些談說之士,在作語言辯論時所堅持的說法,各有立場,本身並有什麼不對,荀子承認那些理論「持之有故」、「言之有理」的說法,足能眩惑民心。事實上荀子對於辯者的評價是甚低的,如云:「齊給便敏而無類,雜能旁魄而無用,析速粹孰而不急,不恤是非,不論曲直,以期勝人為意,是役夫之知也。」(〈性惡〉),故荀子更關注的是語言混亂帶來的歷史效果,這將帶給社會或政治破壞性的影響。所以他進一步發展到今天稱為邏輯的推理,他並沒有意識要發展這樣的學說,只是在以此理論可作有利於教化推動。如云:

君子必辯。凡人莫不好言其所善,而君子為甚焉。是以小人辯,言險,而君子辯,言仁〔註76〕。言而非仁之中也,順其言不若其默也,其辯不若其吶也。言而仁之中也,則好言者上矣,不好言者下也。故仁言大矣。起於上而是以道於下,政令是也;起於下是以忠於上,謀救是一,故君子之行仁也無厭。志好之,行安之,樂言之,故言君子必辯。(〈非相〉,頁 192～193)

這段話透露出如下資訊,辯說者所好之事,是為了說服對方。小人辯言險,指稱這些人的言辭,可謂是「險」。他們為了博取功名,苟且富貴,既視功利之事為最愛,又知逸人不可能不考慮利,於是總能見利言利,誘發或強化人的功利之心,言說中尚利而無義,也無忠誠可信,故其人言行就是「險」。

於是君子的談說,就是破除小人的辯言,故談說的內容是以「仁」,其目的在於推行「仁道」;為了推行仁道,君子應該不厭其煩地談論,做到在思想上喜歡它,在行動上遵照它,而且願意宣講它,由此去盡到一個君子的社會責任。故君子與小人談論的內容不侵有善惡高下之分,也可明照出內在的根本動機。牟宗三認為:「荀子的『辯』乃是治辯之極的辯,非思辯之辯。」〔註77〕故荀子把「辯說」劃分為小人之辯、君子之辯和聖人之辯三種類型:

(一)聖人之辯。聖人乃見其大體者,可以不變應萬變,如云:

小辯不如見端,見端不如見本分。小辯而察,見端而明,本分而理;聖人士君子之分具矣。

有小人之辯者,有士君子之辯者,有聖人之辯者。不先慮,不早謀,

〔註76〕楊倞注:「仁,謂忠愛之道。」《荀子集解》,頁 87。

〔註77〕牟宗三:《名家與荀子》(台北:臺灣學生書局,2006 年 9 月),頁 210。

發之而當，成文而類，居錯遷徙，應變不窮，是聖人之辯者也。（〈非

相〉，頁 193）

從本文來看辯說，荀子之言辨說乃以禮義為最終目的，除此之外即不辯、不
聽。從「小人之辯」、「君子之辯」和「聖人之辯」，只有見本分的聖人辯說，
能使「成文以類」，故「『分』，上下貴賤之分。『小辯』謂辯說小事，則不如見
端首；見端首則如見本分，言辯說止於知本分而已。」〔註 78〕使各種談說成
為一種禮義法度。

必須要「察」、「明」、「理」，如此才是談說次第的標準。而談說有全、不
全、盡、不盡的分別。全而盡的，就是本分而理。即本於別異定皆而終始條理
者，成文而類，就是「聖人之辯」。

（二）士君子之辯。以先慮而早謀又心正而實在為要，如云：

先慮之，早謀之，斯須之言而足聽，文而致實，博而黨正，是士君

子之辯者也（〈非相〉，頁 193）

「士君子之辯」，能有所謀慮，言聽尚能達於博正，是屬小辯而察、辯端而明。
但只能面對於小小的辯說，稍微明察到事情的本末端緒，對於所有的事項，
還不能充貫其類，不能讓理終始有條不紊，是為「士君子之辯」。

（三）小人之辯。則是逞口舌之能，屬於詭詐無功之說，如云：

聽其言則辭辯而無統，用其身則多詐而無功，上不足以順明王，下

不足以和齊百姓，然而口舌之均，應唯則節，足以為奇偉偃卻之屬，

夫是之謂姦人之雄。（〈非相〉，頁 193）

姦人之雄，不知上下關係的重要性，凡事呈口舌之能，只能唯唯諾諾，瑣碎其
事，不能統端，辯說之間雖能中節，但誇大傲慢，是屬於小人之辯，即為姦言：
「辯說譬諭，齊給便利，而不順禮義，謂之姦言。」（〈非相〉）以姦言梟亂天下
者，又令天人不知是非對錯，這是這些姦人之雄所引起的，是為「小人之辯」。

荀子並非特別要提倡談說技巧，這只是在政道衰頹、天下紛亂之際不得
不使用的一種手段，故云：「明君臨之以勢，道之以道，申之以命，章之以論，
禁之以刑。故民之化道也如神，辨說惡用矣哉。」（〈正名〉）這說明在惡劣的
社會形勢下，聖人、君子借助於辯說，抨擊奸言邪說，弘揚仁義道德，由此規
勸君王，引導民眾，建立理想的社會秩序。所以，在荀子那裡，辯說不是一種
追求真理的手段，而是一種說服民眾、乃至統馭民眾的手段。又云：

〔註78〕楊倞注：《荀子集解》，頁 103。

> 彼名辭也者，志義之使也，足以相通，則舍之矣。苟之，姦也。故
> 名足以指實，辭足以見極，則舍之矣。（〈正名〉，頁 914）

談說並不追求在「名辭」使用上的精益求精，只要符合「志義」，內容明確，就可以立為「正名」。正如鮑國順所說：「荀子主動向人宣揚自己認為有價值的主張，與正名思想沒有必然的關連，那是一種推己及人的同情之愛，是出於仁心之不容於已，因此又另是一分柔和的氣象。」〔註 79〕又其「名辯」思想家對求取正名有極為嚴肅的態度，能讓他們認同的「名」並不是約定俗成的，而是通過爭辯形成的。因此，只有反復論證，經確認是正確的結論，方能得到認可。對此荀子斥之為「彼誘其名，眩其辭，而無深於其志義者也。故窮藉而無極，甚勞而無功，貪而無名。」（〈正名〉）荀子認為，君子可以憑藉王權的力量，強制性地推行他所頒布的名稱，給服從者以獎賞，給違規者以懲罰，由此理順名實關係，建立理想的社會秩序，最終達到天下大治。

荀子對於諸家的辯說，如名家以通過「知」的努力，使名和實達到一致，從而獲得在某種前提條件下的絕對正確的「名」；或道家那樣，通過道的媒介，以神秘的方式讓君主一人把握「名」；或縱橫家那樣以「內不足使一民，外不足使距難，百姓不親，諸侯不信；然而巧敏佞說，善取寵乎上，是態臣者也」、「故齊之蘇秦，楚之州侯，秦之張儀，可謂態臣者也。」（〈臣道〉）等爭辯之說來取得態勢。荀子不但不以為然，而且認為諸子的所辯，由於其內容「非禮義之中」，所以根本「不貴」，如云：

> 君子行不貴苟難，說不貴苟察，名不貴苟傳，唯其當之為貴。故懷
> 負石而赴河，是行之難為者也，而申徒狄能之；然而君子不貴者，
> 非禮義之中也。……盜跖吟口，名聲若日月，與舜、禹俱傳而不息；
> 然而君子不貴者，非禮義之中也。（〈不苟〉，頁 81）〔註 80〕

荀子站在禮樂人文立場否定辯者，以為「辯」只有一個目的，就是以贏得辯說，去除君子推行仁政的過程中，所會遭遇的阻礙。推行仁政，就必須真正付諸實踐，而能否為實踐「道」而辯論，是檢驗君子小人的適當標準。因此對於「辯說」，是反對逞才華露聰明的言辯。

〔註 79〕鮑國順：《荀子學說析論》（台北：華正書局，1993 年 10 月），頁 161。

〔註 80〕王天海引梁啟超曰：「不苟篇教人審度事理，為適宜之因應。」王天海云：「此篇論君子立身處世應謹守禮義，切不可苟且妄為，並以禮義為其道德行為之準則。」《荀子校釋》上冊（上海：上海古籍出版社，2009 年 10 月），頁 81。

荀子無意深入談說之辯，並以對方的立場去進行邏輯思辨的價值，他的論述並不是要建立一套邏輯技術，而是在意的是儒家在倫理教化的推動。這與古希臘的智者，只愛好與智慧相伴隨的榮譽或名聲，形象與心態上大異其趣，甚至可以說，「荀子對辯者的評價，可能是更低的」〔註81〕，談說不能真正服人，只有立於君子的定位，以談說為溝通之道，才能是禮義的教化。

二、談說要有益於溝通

談說本質上是一種賦予理性之活動，用來談說來做為溝通的技巧，故荀子的辯說活動，廣義而言可視之為人際溝通，這種人際互動關係，是不容忽視的。因為言說之間是向他們展示理念與制度，並且也要用各種方式對談說者有鼓勵作用，並與之保持密切的關係，這些都表現出儒者的風格和準則，在於不爭之辯、自尊與尊重他人、謙和之禮節和以仁心說、以學心聽、以公心辨。至於溝通之標準，凡能合於禮之統類，千言萬語能同條共貫，不違禮義的原則。

荀子在談說活動中，看出其人是否為君子？是否直得一辯？故他認為君子的談說，是一種原則性的辯說。如云：

> 無用之辯，不急之察，棄而不治。（〈天論〉，頁687）

> 君子之所謂知者，非能遍知人之所知之謂也；君子之所謂辯者，非能遍辯人之所辯之謂也；君子之所謂察者，非能遍察人之所察之謂也；有所止矣。（〈儒效〉，頁274）

> 言必當理。……凡知說，有益理者為之，無益於理者舍之。（〈儒效〉，頁274）

談說的範圍，應當以是否「有益理者」為主要出發點，理是一種人倫交遊的標準，所以凡是無用、不急者，都應當捨棄之。討論時應當有君子的修為，君子之「知、辯、察」是知其所止，因為君子不可能去知、辯、察各事物事理，只有依之禮義才是溝通討論的標準。又荀子在〈正名〉中提出「命」、「期」、「說」、「辨」四種談說活動，如云：

> 實不喻然後命，命不喻然後期，期不喻然後說，說不喻然後辨。故

〔註81〕陳文潔：《荀子的辯說》（北京：華夏出版社，2008年2月），頁62。

期、命、辨、說也者，用之大文也，而王業之始也。（〈正名〉，頁 904）荀子指出了談說的各種成分，分為如實、命、期、說、辯等過程。如「實」即知曉被命名的對象；如「命」即為事物命名；如「期」，即把名與物相結合，即「期會名約」也；「說」即為推論，立在立其真；「辯」即反覆討論，立真以外，有破妄之意。君子對這樣的過程的掌握，才是人際關係的基礎。

就「實、命、期、說、辯」應用上，李滌生說：「有物（實）於此，而人不知，然後命之以名，使人知曉；命名之後，或因此名尚未通行，國因其人尚未及知，實不能收有名的效果，故命名之後，須繼之以期，俟其知道此名之所指，就可藉以達意了。若期而不知，就須加以說明；說仍不知，甚至有所誤會，就須要反覆辯析，務求其真切瞭解。」〔註82〕在這樣的談說溝通中，名稱處於其開端的位置，聽見名稱，就能瞭解它所指稱的事物；把指稱不同事物的名稱連綴成文，就形成辭句和判斷；對辭句和判斷加以組合配置，就得到解釋和推理。當人人能相互期會，以為辯說之用，這是人類文明的大作用，也是君王施政的起點。故云：「名也者，所以期累實也」（〈正名〉），這就是制名以指實，而且每一個辭都應該表述一個完整的意思，如云：「辭也者，兼異實之名以論一意也。」（〈正名〉）談說是用確定的名實關係去說明是非的道理。辯說時，所用的名的意指不可前後不同，若以實指稱歧異之名，必將形成前後矛盾，故辯說為了明瞭是非之道，一切事物的是非之理，運實實指相同之名，以闡明禮義法度，如此才是辯說之正。

談說是為了正名，正名乃是社會端正的基礎，如鮑國順言：「荀子的正名思想，有破也有立，主要是在以正道而辯姦言，而荀子重視談說的理由，有一部分即是由其正名思想延伸而來的。」〔註83〕故「凡邪說辟言之離正道而擅作者，無不類於三惑者矣。」（〈正名〉）其談說的對象不僅是當時的諸子百家，還包括各國君主，而荀子之所以要辨說，又包含了相當強烈的目的性，也就是要說出先王之道，並說服人們接受他所認可的先王之道。林宏星云：「很明顯，在荀子談說之目的『重溫』和『親歷』先王之道、禮義之統。」〔註84〕所以其談說，所表現的對話活動，是一種說理以溝通的對話，或在對話中的勸服，無不期望人人回歸先王的教化。

〔註82〕李滌生：《荀子集釋》（台北：臺灣學生書局，2000 年 3 月），頁 522。
〔註83〕鮑國順：《荀子學說析論》（台北：華正書局，1993 年 10 月），頁 160。
〔註84〕林宏星：《合理性之尋求》（台北：臺大出版中心，2013 年 7 月），頁 215。

三、溝通要辯而不爭

　　君子談說以進行溝通，難免有辯論的推演，這是一種說服的溝通行動，故說服也要具備合理性，合情合理以理服人、辯而不爭等原則即為勸服的概念。勸服在於以理，不論此理是在自由對話或強辯中所產生，仍是作為個人信念存在之理，故溝通和對話的情境中，所以能夠合理、以心服口服於人，意味著這「理」可以經得起反覆談論。故云：

　　　　君子……辯而不爭，察而不激。（〈不苟〉，頁 87）

　　　　辯而不說者，爭也。（〈榮辱〉，頁 116）〔註85〕

　　　　有爭氣者，勿與辯也。（〈勸學〉，頁 36）〔註86〕

君子的言辭辯捷而不在爭勝，事理明察而言說不可激切，因為爭就會動搖氣血，產生情緒，故而有害於溝通的理性，故「有爭氣者，勿與辯也」。〔註87〕辯而不爭則提示了不要求爭勝，因為溝通時討論者如果動乎意氣和情緒，其結果必然是強詞奪理、愈辯愈晦，為此，荀子提出了「說不貴苟察」的主張，溝通討論雖然能明察，但若是不當，就是苟察。故云：「人無師無法……察則必為怪，辯則必為誕」（〈儒效〉）。談說的適當性，有超越個人主張或信念的含義，在談說過程中所表現的名言談說、對人的態度與存心等等，皆要符應合理性。又談說是否合於公心，也是荀子強調的重點，如云：

　　　　以仁心說，以學心聽，以公心辯。不動乎眾人之非譽，不治觀者之

〔註85〕王天海引久保愛曰：「辯者宜為說，今不能然者，與人爭故也。」《荀子校釋》上冊（上海：上海古籍出版社，2009 年 10 月），頁 122。

〔註86〕王天海注云：「爭氣者，意氣相爭也。」《荀子校釋》上冊（上海：上海古籍出版社，2009 年 10 月），頁 40。

〔註87〕陳文潔認為：「在古人看來，辯者不只不能真正說服人，也離道甚遠。前者，如《莊子・天下》：『桓團、公孫龍，辯者之徒。飾人之心，易人之意，能勝人之口，不能服人之心，辯者之囿也。』後者如《資治通鑑・周紀三》：『齊鄒衍過趙，平原君使與公孫龍論白馬非馬之說。鄒子曰：『不可。夫辯者，別殊類使不相害，序異端使不相亂。抒意通指，明其所謂，使人與知焉，不務相迷也。故勝者不失其所守，不勝者得其所求。若是，故辯可為也。及至煩文以相假，飾辭以相悖，巧譬以相移，引人使不得及其意，如此害大道。夫繳紛爭言而競後息，不能無害為君子，衍不為也。』座皆稱善，公孫龍由是遂絀。』莊、鄒二子所指與荀子有所區別，但於辯者之極其則所見略同。」《荀子的辯說》（北京：華夏出版社，2008 年 2 月），頁 63。但這只能說華人思維重義理而不重言說，重實質而不重技巧，純談說技巧而言，公孫龍的談說邏輯，把性質從個體事物中抽離出來，而看做是獨立的存在，亦可謂開出華人思想的一大進步。

> 耳目，不賂貴者之權埶，不利傳辟者之辭。故能處道而不貳，咄而
> 不奪，利而不流，貴公正而賤鄙爭，是士君子之辨說也。（〈正名〉，
> 頁 913）

談說之事，不是為了爭勝，而是出於仁心，為了治道的順理，儒者有其不容
自已的仁心；當與對方不同意見時，不輕忽對方的想法，並能學心而聽之，
然後取捨判斷；當方有所辯駁時，必須無偏私，無成見，唯公義是從。談說之
所以能有理性的認同，其中的一個重要方面就是，討論者在溝通的過程中，
求得以能溝通為要，這成了一種非強迫性的共識，溝通討論是出於支持此一
標準的理由，比支持其他標準的理由更充分，因此，談說所言必當益於理，
不受外在力與利的左右。

　　荀子認為，談說除了要尊重他人，公平公正之外，討論者還應遵循以下
的要求：「不動乎眾人之非譽、不治觀者之耳目、不賂貴者之權埶，不利傳
辟者之辭，」（〈正名〉）這樣便能持守溝通的合理，以不動、不治、不賂、不
利等四項要求，構成了理性溝通的要點，也是進行溝通的必要條件，當具備
這四項的要求後，才算是達到以如如不變的「勇」。這與阿德勒所提的「勇氣
心理學」的理論相通，阿德勒認為：「人生所有的問題，都源自於社會問題。
然而每個人的人生都有一大片隱晦不顯的秘境，掩蓋了真正的問題成因，必
須等到進入社會後，一切問題才會漸漸浮出檯面……唯有關注個的具體心理
層面，才能理解社會因素的重要性。唯有在社會脈絡之下，個體才能成為個
體。」〔註88〕這裡強調人進入社會，要如何將人生風格應用於現實生活中，
他認為關注個體的心理層面，勇於面對社會一切，然後才能適應社會，進而
與人溝通無障礙。而荀子則要人勇於不動、不治、不賂、不利的修養，讓自己
更能適應社會與人來往。

　　荀子所處時代縱橫術士滋起，或為名利、或誘於權勢，以唇槍舌劍、攪
亂天下，這些人的不以溝通為要乃純粹為外在利益所牽引。〔註89〕但是荀子
以為「義之所在，不傾于權，不顧其利，舉國而與之不為改視，重死持義而不
橈。」（〈榮辱〉），成為一種「辨說品格」，是為儒者之勇。天下有中，敢直其

〔註88〕阿德勒：《阿德勒心理學講義》（台北：經濟新潮社，2015 年 7 月），頁 186。
〔註89〕《禮記·表記》：「君子不以色親人，情疏而貌親，在小人，則穿窬之盜也。」
　　　　《論語·陽貨》：「色厲而內荏，譬諸小人，其猶穿窬之盜也。」（台北：鵝湖
　　　　出版社，2008 年）曰：「言其無實盜名，而常畏人知也。」可知人的言行不
　　　　一、心口不合，儒皆認為是小人，辯者若有其言而無是心，則亦是穿窬之盜。

身，「天下知之，則欲與天下同苦樂之；天下不知之，則傀然獨立天地之間而不畏。」(〈性惡〉)荀子這些溝理念，不僅表現出一種溝通理念，同時更表現出一種說理的信心，理之所在，君子所尊。牟宗三認為，荀子的談說，根於仁、其次以智，仁且智故大勇生焉，如云：

> 荀子的智用，一在守名理，二在明層次。知何者屬於知性，何者屬於超知性。在知性範圍內，邏輯數學其大規範也。故不得用名以亂名，用名以亂實。琦辭怪說之詭辯，可得而廓清也。超知性，則實踐理性其主也，精神發展其蘊也。知乎此，則辯證法則不得用於知性，正反不得施於經驗對像，而唯物辯證法論者之攪亂範圍，朝三暮四，敗壞名理以欺惑愚眾，可得而廓清也。〔註90〕

依牟先生之義，荀子談說始終同義，沒有前後矛盾。其名實論述以闡明事理，終而使得趨禮義之統，國家得治。

荀子溝通的原理原則，也要遵循名實關係的基本要求，正確地使用概念判斷和推理，如此就可以像引繩墨以定曲直一樣，可以一目了然，如是則譎詐曲辯的言說便不能淆亂人的思想，存此以立知，則其百家之說就不能藏匿形跡。故談辯之說皆有理有序，此見荀子在理性的推展中，都要有遵循的標準，以師法為準則，故言語的運用，人際的溝通，更是其禮教的作用。

四、度己接人的溝通作用

談說到辯說的運用乃為了所具更為廣泛的意義，就是達到以禮治國。故君子為言必辯，為文也必辯，只要他們表達意見，必然表現為「辯」。辯說是為了勸服對方，勸服的方法首先要「度己以繩」、「接人以泄」，即牽引人以達到吾人所期望的目的。荀子首先提出「接人用抴」，即接引人之術之提出，如云：

> 故君子之度己則以繩，接人則用抴。度己以繩，故足以為天下法則矣；接人用抴，故能寬容，因求以成天下之大事矣。(〈非相〉，頁186)〔註91〕

〔註90〕牟宗三：《名家與荀子》(台北：臺灣學生書局，2006年9月)，頁275。

〔註91〕王天海註云：「抴，考注文之義，則所見本當作『抴』，且今存諸本俱作抴。抴，船舷，引申為船。《楚辭·九歌》：桂櫂兮蘭枻。王逸注：『枻，船旁板也。』接人用抴，言待人接物則如船一樣寬容。」筆者以為，王氏這說法不甚清楚，應該說如船一般，可以接引渡人。故云：「接人用抴，故能寬容。」(上海：上海古籍出版社，2009年10月)，頁191。

枻是指劃船的槳，郝懿行注云：「君子裁度己身就用準繩，接引人倫就用舟楫。謂律己嚴而容物寬。」〔註92〕即是在辨說的過程中嚴守君子的紀律，但待人則放寬標準，嚴守紀律則可為天下人模範，放寬待人則可以容納各種不同的看法。故「接人用枻」，即其立說所以能夠勸服於人，也是禮教的以身作則，此則既可以是一種辯說之技巧，更表現為一種談說的原理。

談說的技巧必表現於態度上，而是理上也要很清楚，荀子認為有三項要領：要鄭重其事、存心端誠、意志堅強。此三者或可在不同的程度上表達了談說過程中對仁心、學心、聽心三種不同工夫的要求，如李滌生云：「言談說者要態度莊重以臨其事，存心端誠以處其事，意志堅強以持其事。」參看〈正名〉：「『以仁心說，以學心聽，以公心辯』一節。」〔註93〕即談說要設喻舉稱，把事理講明；要分析其人物之異同，而溝通時要以愉快的心情；要後和樂的口氣向人說明；並且要肯定自己的說法。如是便自然會為他人所接受，雖不一定能取悅於人，但他人無不貴重其說，這就叫做「能貴其所貴」，此乃強調談說的技巧，最後達到使人稱服。

曾仕強說中國人溝通的三種特色，即（一）「以誠懇的語氣使對方放心」，必須謹慎地說出第一句話，以誠懇的語氣來使對方心……這樣對方才會逐漸放鬆，終於無話不說，順暢地彼此交流。故用真誠來代替咄咄逼人，以眾人之意來代替我意已決，這是比較容易順暢而有效的溝通，這即是荀子的以「仁心說」。（二）「中國話不是用聽的，要用看的」中國人喜歡講「言外之意」，在含糊的用語中，要能聽出清楚的情報，並做出合適的反應，符合荀子的以「學心聽」。（三）「只要一切合理」。不以多數壓制少數，不用強勢欺凌弱勢，承諾之後，就沒有必要事後反，也就不至於不認帳，亦是荀子的「以公心辯」。〔註94〕這樣的溝通特色，是透過這種談說技巧，同時給人們展示了一些理性說服，通過尊重他人、接納各種不同的看法，以並深入淺出地講理，在態度上、誠懇上、意志上都表有所表達，最後將道理以彼此認同的方式展現。

在談說過程中要實現理解之目的，透過這種方式，可以瞭解荀子正要以其合理的化導，展開度己接人的工夫。故云：

〔註92〕郝懿行注：《荀子集解》（北京：中華書局，2013年4月），頁100。
〔註93〕李滌生註：《荀子集釋》（台北：臺灣學生書局，2000年），頁88。
〔註94〕以上參考曾仕強：《掌握中國人性的管理法》（台北：方智出版社，1998年3月），頁123～124。

> 凡說之難，以至高遇至卑，以至治接至亂。未可直至也，遠舉則病
> 繆，近世則病傭。善者於是間也，亦必遠舉而不繆，近世而不傭，
> 與時遷徙，與世偃仰，緩急嬴絀，府然若渠匽檃栝之於己也。曲得
> 所謂焉，然而不折傷。（〈非相〉，186）

談說溝通有其困難，在於若是上下的關係，可能會以先王的道德情操，來面
對後世心志卑弱的君上，故在這世衰道微的世局，君子雖有道，國君卻實掌
權，此時君子想直言勸諫，又恐對方誤會為謬妄；高舉聖人之意，又恐被認
為孤芳自賞；遠舉遠世之事，又恐為迂腐病滯；近舉當世之事，又恐誤認為
庸俗粗糙。此時荀子認為，溝通的技巧在於拿捏兩者之間，必定舉古之世而
不致誤認為荒謬，舉當代之世又不致被誤認為庸鄙，能援古以道今、實事求
是，亦即迂曲環繞地接引不同的人，不要操之過急、或緩、或急、或多言、或
少說，與之周旋如河環山、檃栝正木一般，如此既充分足地表達自己的說法，
也不因強說而傷害對方的尊嚴。

　　荀子為後人提供儒者在言語溝通上有效的溝通方法，但其中仍是以面對
各國君主而言，雖有辯說的意味，但溝通的意味重，也因此為儒者提供了以
談說為溝通方式的原則，又云：

> 故君子賢而能容罷，知而能容愚，博而能容淺，粹而能容雜，夫是
> 之謂兼術。（〈非相〉，頁 186）

可知「談說」是君子必然的行為，然而通常語言溝通至少具有兩大功能：描
述和規範的功能。君子不只為言必辨，為文也可能要辨。儒者的溝通，是「只
有以誠懇態度對他，讓他覺得這個人可以說實話，他就會事無對可對人言地
一五一午，說得明白清楚。」〔註95〕荀子以「兼術」理論，強調通溝通的工
夫，要具有廣博深遠的智慧，以廣博的容包來指導對方的行為，突出特徵是
人倫教化的意涵，故荀子的談說，不但是做為溝通意義的理解，更是為道德
修養為關鍵。故陳文潔說：「甚至將談說本身也視為君子的一種當然的道德行
為。」〔註96〕這種當然是生活上不斷積累的工夫與作用。

　　另外，談說的運用，還要能提供金玉良言以為寶，故「贈人以言」是一
種高尚的活動。荀子認為，君子贈言是一種禮義的行為，其重要性超過珠玉

〔註95〕曾仕強：《掌握中國人性的管理法》（台北：方智出版社，1998 年 3 月），
　　　　頁 138。
〔註96〕陳文潔：《荀子的辨說》（北京：華夏出版社，2008 年 2 月），頁 119。

金石，所以君子必有言。凡是對於這種場合卻無言者，荀子認為是胸無點墨的腐儒。如云：

> 凡人莫不好言其所善，而君子為甚。故贈人以言，重於金石珠玉；觀人以言，美於黼黻文章；聽人以言，樂於鐘鼓琴瑟。故君子之於言無厭。鄙夫反是：好其實不恤其文，是以終身不免埤汙傭俗。（〈非相〉，頁192）

荀子引《易‧坤‧六四》的爻辭，即如果君子不能贈人良言，如囊中藏物，閉而不用，雖然無可批評，但也無可稱譽，這就是腐儒。飽學終日，卻無一言以用世，故無用之儒。但對於「無稽之言，不見之行，不聞之謀，君子慎之。」（〈正名〉）只要沒有經過驗證的，在幽隱之處而人所不聞不見的，君子都應當慎戒。當要面對諸家之姦言時，必稱述辯說之道，這與孟子云：「予豈好辯哉？予不得已也。」其實是同樣的精神。

他認為對禮制的建立和國家治道沒有幫助的言談，就不必與之談說；而對於那些徒呈辭巧以及惑亂是非之言論，乃是奸言奸事，即「非辨治亂，非治人道」（〈解蔽〉），故君子也不必與之言，以這樣的標準做為一種正理，違此標準即奇辭怪說和奸說。荀子的談說乃以「『先王之道』是言說者對自身的一種『返回』，也是對歷史真理的一種『重溫』，由此而觸發的『共通感』，正是使體知由特殊而至普遍得以可能的內在根據。」﹝註97﹞故荀子的重視談說的溝通效用，從言語的外在客觀之道，進而要求君子本身的存在性規定，如此談說溝通技巧，才是符合於度己接人之道。

第四節　荀子文學藝術與生命情調

荀子以文學表現其生命情調，表現出教化作用，同時也確立了中國文學的觀點，可謂是生活與生命交融為一。其文章現今流傳的《荀子》三十二篇，除少數篇章後人以為是弟子附加之外，大部份是荀子自作的。王天海云：「荀子之本仲尼而斥諸子，隆禮義而重名法，主性惡而倡人為，制天命而材萬物，尊先王而法後王，推王霸而舉賢能，其內容之廣博，識見之敏銳，思想之精密，行文之渾厚，實為其他先秦諸子所不及。」﹝註98﹞袁行霈云：「荀文以其

﹝註97﹞林宏星：《合理性的尋求》（台北：臺大出版中心，2013年7月），頁222。
﹝註98﹞王天海：《荀子校釋》（上海：上海古籍出版社，2109年10月），前言頁1。

說理的清晰，論辯的周密，在先秦諸子說理文中別具一格，思想的深邃豐富，理論的系統嚴整，使其不僅單篇行文縝密，而且全書各章相互照應，論證嚴謹周詳。」〔註99〕故荀子對先秦諸子皆有所吸取與批判，他的文學藝術創作以內容廣博、識見敏銳、思想精密，行文渾厚為其特色。

荀子對文學藝術表現在如傳承孔子的文學思想，確立儒家傳統文學觀。文中有駢詞儷句，整仗工整的篇章，為駢體文之宗祖。又作賦寓意，形成對漢賦的產生有直接影響，乃賦體的建立者。又有〈成相〉辭三篇，藉通俗形式來傳播生命情調，故肯定通俗文學的教化功能等方面〔註100〕，可知是文質兼重的表現。

一、荀子的文學觀點

荀子重視文學的實用性，把文學和政治緊密結合起來。如非相、王制、王霸等，皆為其政治專論。荀子的文學可以歸納如下：

（一）中國文學觀的確立。荀子文學乃是要求文質相符，表裡合一且相資為用。如云：「凡言不合先王，不順禮義，謂之奸說。」（〈非相〉）這裡說他是反對華而不實的文章；但是他卻也很重視文采，又云：「好其實不恤其文，是以終身不免埤汙傭俗。」（〈非相〉）所以又云：「人之於文學也，猶玉之於琢磨也。《詩》曰：『如切如磋，如琢如磨。』謂學問也。和之璧，井里之厥也，玉人琢之，為天子寶。子贛季路故鄙人也，被文學，服禮義，為天下列士。」（〈大略〉）說明其文學觀是將人性予以琢磨，琢磨就是偽的作用，認為「無偽則性不能自美」（〈禮論〉），當人性有其起偽，則可合乎禮的本質，趨向聖賢行誼。郭紹虞則說：「傳統的文學觀本來是把明道，徵聖、宗經三種意義合而為一，所以我以為傳統的文學觀，其根基即確於荀子。」〔註101〕由上觀點可以看出荀子是中國文學觀念確定者。

（二）重文尚用的取向。荀子論文是有重於尚用的觀點，如鮑國順認為：「荀子的論文，偏於尚用，同時也不輕廢尚文，與孔子同意。至於後世所謂『明道』、『致用』、『徵聖』、『宗經』的思想，實皆成於荀子。故論儒家傳統文學觀的建立，荀子的地位，絕不可忽視。」〔註102〕而其文學特色，乃在論旨

〔註99〕袁行霈主編：《中國文學史》上冊，（台北：五南出版社，2009年10月），頁138。

〔註100〕參考鮑國順：《荀子學說析論》（台北：華正書局，1993年10月），頁186。

〔註101〕郭紹虞：《中國文學批評史》（台北：五南出版社，2009年3月），頁23。

〔註102〕鮑國順：《荀子學說析論》（台北：華正書局，1993年10月），頁166。

明確，辯說綿密，析理嚴謹，文理貫徹，故乃強調理論的開展、以文載道。

（三）以「論」為篇名，乃一大特色。其文多長篇大論，對所論問題，必發揮盡致而後已。如勤學、不苟等篇，有總論，有分論；層層深入，中心突出；且獨立成篇，立意統一。荀子的每個篇章都有一個論說的主旨，讓讀者一目了然，所以自從荀子的篇名有了「論」字，如〈禮論〉、〈樂論〉、〈天論〉、〈正論〉等，後世遂有了文論的名稱出現了。

二、荀子文學藝術的手法

文學從遠古時代開始，就以藝術的形式推動人們的思維和語言發展，甚至作為生活的調味之劑，後代文學藝術手法漸漸趨於完善，使文學藝術的成為人生活的心靈慰藉，反餽地成為社會生活的一種動源，文學柔性的訴求更能將深奧的哲理，悄然地滲入人們的言行思想。從荀子的文學來觀察，其的藝術手法表達如下：

（一）駢體文的應運。荀子文中有駢詞儷句，整仗工整的篇章，為駢體文之宗祖。句法精煉：荀文講究邏輯，而為了令論點明確，層次分明，往往以排比、對偶句式，反覆說明問題。如〈勸學〉：「故聲無小而不聞，行無隱而不形。玉在山而草木潤，淵生珠而崖不枯。」語句整齊流暢，且聲調鏘鏗，便於記誦。藝術手法還體現在《賦》篇。賦，原是戰國時代興起的文體，其起源本與民間歌謠關係密切，班固《兩都賦序》指，賦是「古詩（《詩經》）之流。」荀子為北賦之代表，風格沉著渾厚，筆力堅實，較少跌宕之感。

（二）賦詩以明志。荀子文學中還賦和詩，仍是利用詩賦來闡揚他的理性思維。學者均認為中國文學屈原雖是辭賦之祖，但是他的作品並沒有以賦為名，真正以賦名篇的是始於荀子。《漢書・藝文志》原有列孫卿賦十篇，今本的《荀子》中僅存有《禮》、《智》、《雲》、《蠶》、《箴》等五篇賦、《佹詩》二章和《成相》三篇。荀子的賦作，在文學上的藝術有其價值，在賦的發展史上，也具有重要的地位。其賦本來有二種含義，一是朗誦，《漢書・藝文志》說：「不歌而頌謂之賦。」二是鋪敘《文心雕龍》說：「詩有六義，其二曰賦。賦者，鋪也；鋪采摛文，體物寫志也。」（〈詮賦〉）它的主要作用在於「體物寫志」、「鋪采摛文」等功能。《荀子》中的五篇賦都是以先問後答的方式寫成，前四句用來形容物件，後半段用反詰和直說的方式來說明主旨，賦雖然像是表象地詠物，但其內容還是論說於理，文章言簡意賅，筆法生動優美。

　　《佹詩》是附在《賦》之末的小詩。它是有著諷刺意味的小詩，然其後半部也有許多散文的調子，可算是一種詩賦相混合的體裁。它的內容主要是表現對政治黑暗的指責，所以一開始便說：「天下不治，請陳佹詩」，這個時局是「皓天不復，憂無疆也。」荀子對政治的憂心是顯而易見的。不過他還是抱著天道好還的理想，「千歲必反，古之常也」，正如合久必分、分久必合的歷史局勢，不管世道如何翻轉，荀子認為終將否極泰來，那時「聖人共手，時幾將矣」，可以看出，荀子預見天下即將大一統的可能性。

　　（三）雅俗文學共融共攝。荀子廣泛吸取民間文化要素，且直接運用流行的民間文學體裁，以宣佈自己的政治主張，具極強的宣傳性，突出者首推《成相》篇。相，是一種古代樂器；成，為演奏之意。又有〈成相〉三篇，藉通俗形式來傳播生命情調，故肯定通俗文學的教化功能等方面。如《成相》之篇，乃是荀子運用了古代民間通俗的文藝形式，來表達了宣傳道義賢良的目的。「相」本來是一種樂器，有如說書用之伴唱大鼓，後來演變成口唱敲物來成節拍的也稱為「相」，後世慢慢發展成為了民間歌謠的形式之一了。盧文弨《荀子集解》說：「審此篇音節，即後世彈詞之祖。」〔註103〕《成相》三篇五十六節，每篇都以「請成相」為起句，如「請成相，世之殃，愚闇愚闇墮賢良。」文句簡易，時有押韻，很像後來民間說唱文學的形式。

　　《成相》的主要借用了歷史上賢君聖相的故事，來表達荀子的政治觀。前一段是在說明，為政之道在於分辨臣子的賢能與否，如果用了讒人就會遭殃，用了賢人就會強國；中一段舉堯、禹的治世和幽、厲之亂，來指責賢愚不分的禍害；後一段則提出治國之綱要。全詩都是以政治為主旨，雖不講求雕飾，而音韻自見，文辭質樸，說理明暢，為不可多得之文學作品。

三、荀子文學藝術的生命情調

　　荀子廣泛吸取正統文學觀點，又運用流行的民間文學體裁，藉通俗形式來傳播生命情調，有其理想、諷寓、教化等的生命情調，如班固云：「大儒荀卿及楚賢臣屈原，離讒憂國，皆作賦以諷，咸有惻隱古詩之義。」故以下從〈成相〉、〈賦〉等篇，來展論其崇高的理想、人生比類、勸理於民，以為其生命情調。

〔註103〕以上參考葉慶炳：《中國文學史》上冊（台北：臺灣學生生局，1997 年 6 月），頁 27。

（一）高尚的理想。文人生命達到成功，必要知道目標在哪裡，崇高的
目標可以產生偉大的動力，進而推致堅定的行動，這樣行動必然產生不朽的
事蹟，是以每一個人都應該擁有良好的人格，作為人生的崇高目標之一。良
好的方法，是以一個人獲得動力的保證，而剛毅的精神，作為一種向上的因
素，使人的動機保持穩定，故人必須要有一個崇高的目標，荀子在〈成相〉中
以若干歷史事件，塑造了他理想中的聖君賢相的典範。「這其中他主張『隆禮
重法』、『法後王』、『尚賢使能』，要求『事業聽上』，實行中央集權，主張發展
農業生產，節省開支，使國家富強，主張用禮法加教儆化，統一思想，廢止百
家異說。」〔註104〕用詩歌的手法表達他的崇高理想，是先秦諸子中獨樹一格
的創作。又云：

> 請成相〔註105〕：世之殃，愚闇愚闇墮賢良！人主無賢，如瞽無相，
> 何倀倀。
> 請布基，慎聖人，愚而自專事不治。主忌苟勝，群臣莫諫，必逢災。
> 治之經，禮與刑，君子以脩百姓寧。明德慎罰，國家既治四海平。
> 治之志，後埶富，君子誠之好以待。處之敦固，有深藏之，能遠思。
> 思乃精，志之榮，好而壹之神以成。精神相反，一而不貳、為聖人。
> 治之道，美不老，君子由之佼以好。下以教誨子弟，上以事祖考。
> 成相竭，辭不蹶，君子道之順以達。宗其賢良，辨其殃孽。(〈成相〉，
> 頁 976）

「成相」即指用「相」伴奏的歌辭，適於在大庭廣眾中演唱。故可將「成相」
理解為群眾性的對歌活動，而聽眾也就並非儒服危冠的士人或假冒斯文的諸
候，而是新興平民、知識分子、一般市民，這與戰國文化的粗鄙化進程相當
一致。葉慶炳認為：「成相辭不一定就是彈詞之祖，但說他們是受了當時民間
歌謠的影響，是無庸致疑的。」這種把治國為政的君子之道，寫在通俗民間
的文體上，達到勸化的效果，體現文學與哲理可以相通為用。

荀子創造來自於禮的精神開發，因為精神凝聚成一種文學的藝術想像，

〔註104〕北大哲學系：《荀子新注》（北京：北京大學出版社，1983 年 11 月），頁 491。

〔註105〕王天海注云：「疑成相乃古代說唱文學體裁之一，大體如詩而俗，為念誦
　　　　講唱之詞也。前引郝氏與王引之論荀卿書所言，正見其荀卿申君明師賢以
　　　　治天下之旨。《荀子校釋》下冊（上海：上海古籍出版社，2009 年 10 月），
　　　　頁 978。

故而有創造性作品；然而這精神凝聚乃是從內心的真實性。正如瑪莎云：「集中關注作為公共想象的文學想像的特質，這種公共想象將的指引審中的法官，立法中的立法中，評估不同地區人民生活質量的政策制定。」〔註106〕可說文學想象也能營造出影響政策的推動，蓋有諸內然後可以形諸於外，人同此心，心徵此理，故其藝術創作可以感動人心，心是普遍性存在，人人因為個個本有、心理同體，能跨越時空的距限，呈現出這普遍性能連結到無限情感，又能累積崇高的理想，則成就其豐富的生命意涵，於是我們可以說這樣的藝術創造，是將其理想推向高度的境界，這正是荀子文章之用心。

（二）人生比類。先秦諸子大都善用比喻，荀子也多用比喻，如〈勸學〉用六十多個比喻，荀子大量運用許多日常生活常見的事物作為譬喻，以一種深入淺出手法，生動巧妙地把抽象的道理具體化，使深奧的理論變得人人都可以瞭解，並將其喻成為人生的意義，攝象成義。袁行霈說：「荀子還喜歡用大量排比句法，或以韻語描寫，抒情，增強了氣勢，調諧了音節，更富說服力和感染力」、「如〈勸學〉幾乎都是引類譬喻重疊構成，並且譬喻的運用變化多端，或正反為喻，或並列為喻，辭采繽紛，語句整齊流暢，且聲調鏗鏘，便於記誦」〔註107〕，皆可見到荀子在文學上的效果。

荀子又在賦中讚揚了「禮、知」的重要性，無論君子個人修身，君王治理國家，都必須循禮而行，才能成功。荀子通過對「雲」、「蠶」、「鍼」的物象的描述刻畫，比喻為君王和官吏應該具有的品德，如「君子之知」能使「百姓待之而後寧」，如「雲」一般「功被天下而不私置者與」等等，都能生動地表達文學與生活的藝術。如云：

> 爰有大物，非絲非帛，文理成章；非日非月，為天下明。生者以壽，死者以葬。城郭以固，三軍以強。粹而王，駁而伯，無一焉而亡。臣愚不識，敢請之王？
>
> 王曰：此夫文而不采者歟？簡然易知，而致有理者歟？君子所敬，而小人所不者歟？性不得則若禽獸，性得之則甚雅似者歟？匹夫隆之則為聖人，諸侯隆之則一四海者歟？致明而約，甚順而體，請歸

〔註106〕瑪莎・努斯鮑姆（Martha C. Nussbaum）：《詩性正義——文學想象與公共生活》（北京：北京大學出版社，2010年1月），頁13。

〔註107〕袁行霈主編：《中國文學史》上冊，（台北：五南出版社，2009年10月），頁140。

之禮。(〈賦〉,頁 1009) 〔註108〕

荀子為了使禮得實行,要求人君是一種具有特別修為的君子,如其「在文章中讚揚了『禮』的作用,認為是君子修身、王者治國,一天下都必須遵循的要求,對不能北離,否則就要身敗國亡。而為了使禮得實行,荀子要求統治候必須具高『明達純粹而無疵』的君子之『知』。荀子還假物寓意,通過對雲、蠶、針的形象,細緻的刻畫,頌揚和表達他理想中的君王和官吏,應該具高道德風尚,像雲那樣『充盈大宇』、『功被天下』,像蠶那樣『功立而身廢,事成而家敗』;像針那樣利而『掉繚』,能夠合縱連橫,縫表連裏,以『下覆百姓,上飾帝王』。這樣形象生動的比喻,在某種意義上,也是對禮和知的功效的具體發揮。」〔註109〕它的問答形式。由這種作品經過演變發展後,成為漢代賦家普遍採用的形式,影響了如賈誼《鳥賦》、枚乘《七發》等等賦漢名家的出現,故〈賦〉篇在開創中國文學的範疇上功勞甚大。

他表達出人們生命的之路,出現著是用意志洞穿自己和世界被忘卻的陰影,擺脫不下的現實,成了潛意識下的吶喊,夢境告訴人要知而未知的真相,它總是隱喻著我們已經清楚的事實,我們所期待的事物、或將要踐履的事件,自己要求將之統合在人的理想之中,它引領著我們進入自己更深層、尚未被發掘的內在世界。往往在靈魂細微變動中有著安靜的開始,沒有刻意的方向,只是藉著一個點,詩人可以透過那完全展現情感,他不斷添加線條和形狀,圖像逐漸形成,這個圖像是詩人的人生經驗中,不斷和情緒、想像和衝突中角力,因而創作過程充滿人性強烈的感覺。

(三) 藏理於辭。荀子長於說理,文多長篇大論,對所論問題,必發揮盡致而後已。如勤學、不苟等篇,有總論,有分論;層層深入,中心突出;且獨立成篇,立意統一。荀文講究邏輯,而為了令論點明確,層次分明,往往以排比、對偶句式,反覆說明問題,而文學用來說理更顯得柔性而溫潤,讓人對於道理的掌握更能深入。如云:

〔註108〕 王天海注云:「荀子此篇共八章,前五為禮、知、雲、蠶、箴小賦;後二為佹詩、小歌四言詩;未一乃遺春申君賦也。雖成相篇與此篇同為荀子韻文,然則成相從俗,此篇尚雅,風格自有不同。究其大旨,以詩韻之文闡述其政治主張,當以荀卿為先師乎?」《荀子校釋》下冊(上海:上海古籍出版社,2009 年 10 月),頁 1109。

〔註109〕 北大哲學系:《荀子新注》(北京:北京大學出版社,1984 年 11 月),頁 509。

天下不治，請陳佹詩〔註110〕。

天地易位，四時易鄉。列星殞墜，旦暮晦盲。幽闇登昭，日月下藏。
公正無私，見謂從橫。志愛公利，重樓疏堂。無私罪人，憼革貳兵。
道德純備，讒口將將。仁人絀約，敖暴擅彊。天下幽險，恐失世英。
螭龍為蝘蜓，鴟梟為鳳凰。比干見刳，孔子拘匡。昭昭乎其知之明
也，郁郁乎其遇時之不祥也；拂乎其欲禮義之大行也，闇乎天下之
晦盲也。皓天不復，憂無疆也；千歲必反，古之常也。弟子勉學，
天不忘也。聖人共手，時幾將矣。與愚以疑，願聞反辭。

其小歌也：念彼遠方，何其塞矣？仁人絀約，暴人衍矣。忠臣危殆，
讒人服矣。（〈賦〉，頁 1026～1027）

荀子的文學形式是反映荀子理念的文章。荀子的文學藝術不是為了文學而創
作，而是為了理想抱負。阿德勒說：「人的動作可以清楚外顯，也可能深植於
姿態當中，不同的姿態表現了一個人的整體人生態度，整體態度則構成了人
生風格。」〔註111〕荀子的人生風格是多元性的，正如孔子將學生分為德行、
言語、政事、文學等風格，而荀子在這些方面都有豐富的展現。

　　儒者的教育通常能檢視人們相處時的具體狀況，人性偏險之衝突，某方
面也是表現出其自卑的寫照，正如阿德勒說：「我們必須讓人們徹底了解自
己有能力面對困境、解決生活中的種種問題，唯有如此，才能培養出自信。」
〔註112〕從荀子的成相、賦、佹詩等詩文，以詩賦混合的藝術手法，表達的思
想始終一貫、前後文一氣相屬，可將人們帶入一種禮教境土，讓人獲得理性
的「歸屬」。從理想、比喻與教理等來解構荀子的文學藝術與生命情調，再具
化為真實的意義，從而得到美學的哲理意境，故其文理是以詩的、藝術的開
展，可讓人人更具足自信。文學藝術，可讓人不再是孤立的存活，因為必須
活在與全體的連結當中，詩文的藝術，更讓人有擁有著「共通感」，進而對生
活產生不可或缺的性質。

　　生命現象乃是最本真和最深刻的想像意志，人為的虛假需要透過想像力

〔註110〕王天海注：「佹，或通規，規、佹雙聲，音近，故可通。規詩者，規謹諷之
　　　　　詩也。」《荀子校釋》下冊（上海：上海古籍出版社，2009 年 10 月），頁
　　　　　1027。
〔註111〕阿德勒：《阿德勒心理學講義》（台北：經濟新潮社，2015 年 7 月），頁 139。
〔註112〕阿德勒：《阿德勒心理學講義》（台北：經濟新潮社，2015 年 7 月），頁 66。

的化解，然真理是已經本固定的方式，以假象呈現在世間。若認不清楚的人，會對這種假象迷惑，使生命被停滯，造成對生命的阻礙與摧殘，人世間歷史鏡子裡，看到了現實的病狀已現，文人利用藝術來固定真象，讓真象不致招來毀滅，詩人以自我創造與自我發現，來抒懷他當時心中的理念與建構。自可知荀子重視文學的實際功用，寄寓一種生命情調，故說：「嫉世之政，亡國亂君相屬」，正是以正理平治的理想是最大的動機與目的。

第五節　荀子生活藝術與涵養對生命教育的啟示

　　生命教育就是一種價值觀的探求，價值則牽涉到個人和群體生命存在的整體信念，從自我生命的價值釐清，對其生命體、社會文化、人處身的物質環境等建立和諧關係的期望。對人生命本質的認知，對人類互動的合作關懷，對人生終始過程合理安排、對利己活的希望，對生命不朽的期望，融治成一個整體現念，對人存在終極目的的關懷，是一套能自我說服、自我規範，調和人文秩序與衡量人生中一切事件，作為人生生活的準則。

　　人常自以為很聰明，可是卻一直在做「聰明反被聰明誤」的傻事，林語堂譬喻人們就像那齊天大聖一樣在做叛逆的行為，「人們沒有和平，也沒有謙卑，一直到觀世音菩薩從天上拋下花枝，把我們克服了才止。」〔註113〕如果人不知從內在最原始的本性來建立價值生命，重整社會秩序，那麼天下必然是更加混亂了。今天很多人都忘了，人生而為人的真實意義，以致在人倫的社會中亂闖亂撞，完全不照人類的「遊戲規則」來走，結果是人心脫序，社會大亂。人人都想要擁有更多，但卻不想付出；人們總想被人所愛，卻不願去愛人，這些都是人們痛苦的根源。荀子都看到了這些現象，他的文學藝術及所展現的生命情調，就是要表達其柔性的智慧，洞燭面對人生不合理現象，以合理可行的言語，將其積習體察到理教予人們，如同發掘到的聖傳的寶物般，一件一件要掏出來與人民共賞，其對生活藝術與涵養的生命教育啟示如下：

一、以文化浸潤於生活

　　性惡的社會顯現在我們眼前的是「慾望」支配了人的生活，驅役著人們的言行，使得人胸襟變狹了，視野更短淺了，人性的尊嚴也遭到了抹殺。這

〔註113〕林語堂：《生活的藝術》（台北：遠景出版社：1979年3月），頁39。

種道德觀念的淡薄、價值標準扭曲的病態社會，致令橫逆取代了倫常，和諧變成了紛爭，人們貪婪無知，肆無忌憚，正義與公理逐漸淪喪，究其問題癥結，是精神文明的衰萎，沒有看到根本的原理，成為徒勞無功。林語堂說：「這個世界太嚴肅了……他應該把生活加以調整，在生活中獲得最大的快樂，這個問題跟如何去享受週末那一天的快樂一樣實際，而不是形而上的問題。」〔註 114〕現在的人類，雖擁有超群的智慧與技能，但畢竟還保留著肉身之軀，也遺留著以前老祖宗所留下的動物性遺產。林語堂認為人就像是孫悟空，那隻擁有強大力量卻有著「可愛劣根性」的猴子，就是人類的縮影。

　　雖然人類仍有著許多不甚完美的地方，但終究是一個真實的、生物性的、生活在物質世界上的人類。正如荀子一生的精神，要將聖人所傳留下來的文化普潤於民眾身心世界。如他對五經的推動，其實就是儒家所一貫強調的社會教化或社會教育。「教育」一詞區分其個別字義，則「教」字似乎較側重外在的誘導和施加，期能藉刺激而使受教者學得一套知識技能或行為規範，且逐漸化被動為主動，積極自學。正如阿德勒認為：「以個體心理學實務來說，用『意識』和『無意識』兩個專業術語，來指稱這是兩種完全不同的因素，並非正確的表述。意識和無意識其實是朝著同一個方向、相輔相成運行，彼此之間毫無牴觸。」〔註 115〕要分清楚這種關係在於人性問題的理解，而儒者在這方面則積極強調「教育」的重要性。蓋「教」字較著重外在的規範和陶鑄；「育」字較側重依循受教者天賦的才具、興趣而予以誘發，由內而外的逐步發展，開發其內在的潛能而有所實現和完成。孟子的存心養性以擴充說，傾向於「育」，荀子強調禮義師法之外在規範以導人化性起偽，積習成第二天性，較趨於「教」。

　　荀子看到了人民是不可強制要求，但卻可以用各種方式來引導他們，荀子用了各種偉大的音律和音波，幫助人們進入禮的大海，人生如水流般地順暢而不息，讓各種不協調的音鍵使之緩和，終能融成一部禮樂的人文饗宴。荀子以當前的社會，漸漸失卻可貴的原始文化特質，那就是中國人固有道德文明──綱常倫理。他知道真理是放諸四海而皆準的，聖人之道更不會因為時間、或空間的變化而有所改變。正如阿德勒說：「人生的重點並不在於一個人遺傳了什麼，而是他如何處理他的傳承。」〔註 116〕人人都是傳承於歷史，人來到了人

〔註 114〕林語堂：《生活的藝術》（台北：遠景出版社：1979 年 3 月），頁 134。
〔註 115〕阿德勒：《阿德勒心理學講義》（台北：經濟新潮社，2015 年 7 月），頁 50。
〔註 116〕阿德勒：《阿德勒心理學講義》（台北：經濟新潮社，2015 年 7 月），頁 34。

間，自然也要遵守古人傳留下來的規則——綱常倫理，古人如此，今人也是如此，故「道」並沒有舊說新說之別，而荀子更是教人如何利用傳承展開新局。

從荀子強調經典的學習，以「君子之學，以美其身也」（〈勸學〉）這乃是儒家教育的基本思維，而其書中也援引五經內容來教化弟子，因此在儒家經典上的傳播與教育上，啟了很大作用，也有著重大的功勞，故荀子可說是推動讀經教育的先儒，他自己對五經教育的實踐也發揮深廣的影響。

荀子建立以禮為主的社會教化，是一套合理的和外鑠式的社會行為規範，他說：「禮者，節之準也。」（〈致士〉），「禮」是一套可理解及遵行的經驗性規範，社會成員可資以調理節制其內心過分的慾望及外在過度的行為方式。「禮者，表也。」（〈天論〉）意謂著禮是以具體的、客觀的度量分界之形式，公佈於社會，使社會成員的言行能有所遵循的規範，以符合「道」。

二、以禮樂來端正風俗

荀子看清楚時代社會的人心，他認為諸子之徒不應該再自吹自擂，要以聖人的法度為標準，以合理的真實來面對在當前的路途，時代之路也許是崎嶇難行，只要用對方法，以禮理的心去面對之，故回歸禮的本質，遵行人間的遊戲規則——禮義來走時，將是正理平治的第一步。荀子以人生單純素樸的聖傳古風，來超越現實的繁華彼落，讓大同世界的理想真正的在人間成就，讓當時的社會是一個富而好禮的天下。

荀子的以君子對禮的修身為標準，推至與人際的溝通上，總要在於度己接人，可總括表現在三個方面：

（一）藉著文字言語與人溝通是儒者的道義展現。即當天下勢亂、聖王不作的社會情境下，以談說來表述儒者之道，也是一種立場的宣示。

（二）在人際溝通上，君子可以明是非、正名實。對儒者視域下所表達的價值標準，是以道為準則規範，而且在客觀的社會的生活，以言談來表達的是名實的意義。

（三）荀子把言語作為君子的當然行為，是一種溝通意義的理解。他不以主觀立場為堅持，而是有其超越對立的客觀修養，預期能達到對方的認同。〔註117〕

〔註117〕 參考陳文潔：《荀子的辯說》（北京：華夏出版社，2008 年 2 月），頁 61～62。

　　荀子教化的理論，仍以儒者精神來進行人際互動的協調，如鮑國順認為：「（荀子）針對著邪說僻言而發的發擊，剛勁不屈，足以表現出儒者的衛道之忱，不過卻是被動的，而且充滿了對峙爭鬥的意味。……比起前述不得已而辯來，更能表現出一個哲人那種關愛民胞物與的偉大襟懷。」〔註118〕言談之術要長於邏輯運用，精通談說技巧，能「遍辨人之所辯」，荀子觀念中的談說，是以正確的理論卻必有所辯，以一種有教化行動支持著談說的進行，這才是君子應有之修為。

　　又其秉察此天地陰陽之德，藉音樂將此心之律動不已又在和樂聲中不斷地升化擴展，乃至與萬物相流相通而無阻無隔，此時，人之小我與天地之大我相融為一，人與宇宙亦合而為一，道也變成了既內在而又超越的存在。由此所以說樂之存有論性格，而當人透過禮樂與宇宙感通與宇宙合一時，人本身又透過樂參於天地。依荀子以〈樂論〉所包括的修養觀、政治觀、倫理觀，建立了身心、社會、國家和諧方法，達到「中和」的目的。在實踐方面，孔子立下「興於詩、立於禮、成於樂」的標準後，說明最高人格的完成，是要通過禮樂來進行的，而荀子以後，禮樂思想全面普及社會各階層與角落的情況下，樂教理論所強調的樂之「移風易俗」的儒者本懷，樂教的精神是從官方的級樂、採樂、官吏的以禮樂教民，及民間樂都承擔起一定的社會「教化」任務，並使音樂賦有「寓教於樂」的積極面相。

　　荀子的禮樂教化，乃是繼往開來的儒學精神，如以音樂為其哲理，提出中國最早的音樂理論專著。其說認為音樂來法為情本、物感，而皆為心之所融攝，將儒家「心」的原理原則，落實於音樂的作用上，認為聖人制禮作樂是調引人的情性，並提供一套音樂理論來讓人落實生活面向，以達到人成君子而為天下平治的目的。李美燕認為：「儒家的樂教乃古代聖王藉雅樂對人心的教化薰習，使人之感性與理性和諧統一，達到『移風易俗』的目的，作為倫理、道德、政治教化的基礎，其中，『和』作為雅樂的基本特質，以『和』為美，始終是儒家樂教的中心理念。」〔註119〕〈樂論〉在提倡音樂時，是注重君子自身的身教，更具教化力，其言以樂治心，知禮樂除了可以解決個人問題，更重要的是可以察覺一切問題，因此，關懷對象應該擴及所有百姓，「成

〔註118〕鮑國順：《荀子學說析論》（台北：華正書局，1993年10月），頁161。
〔註119〕李美燕：〈儒家樂教思想中「和」的意涵之流變述論──以隋唐迄明清為考察對象〉，《諸子學刊》第六輯，（上海古籍出版社，2012年3月），頁15。

就於人」又「作用於人」的君民合德音樂觀。其音樂教化的理論，讓儒家充實而有光輝的德教，是自真自善自美的成德之教，其即樂與心乃即工夫即本體，即己即群的成聖之教，一己之成就是全體之成，大而化之，故音樂所以能貞定人之生命。

荀子透過禮樂的教育，目標不是要從人身上看到立即性的成果，正如伽達默爾說明：「雖然純粹的音樂是這樣一種純粹的形式波動，即一種有聲的數學，並且不具有我們於其中覺察的具體意義內容，但對它的理解仍保存一種對意義性事物的關聯。」〔註120〕正是這種關聯而維持著音樂的神秘性質。這樣的認知正如人們對禮的預設，有一種不確定性，但世界卻給予讓之在的充滿，因而人也能因此體認禮的不可或缺。

這是荀子生命教育的可貴之處，將生命的內在寓於生活之中便是修養。劉易齋說：「生命教育有狹義與與廣義的意涵，兩者的發展向度及合理性，並不在乎是否擁有當權者的授意權或是獲得壟斷執政權的資源，這兩者之間的互動狀態，往往是在既磨合又彼此對應的情境下往前發展的。而其中能相互交會、認同之處，即是不論做何種模式、何種摹仿，何種創見，都必須在適性、適體斿教的同時，不得逾越道德與倫理的規範性。」〔註121〕人生在世，環境際遇各有不同，但為人要有人格，尤其要有高尚的人格。人格愈卑污，人的價值愈低下；人格愈高尚，人的價值愈貴重。人的自然生命註定走在生老病死的路途上，這條路是單行道，是無法逆向回頭走的；但是，隨著自然生命的進展，人可以建立其道德生命，也就是他的價值生命，以其人生幾十年可朽的生命化為不朽，短暫的生命變成永恆，所謂禮理心的融合，其意義便在於此。看清自然生命的窮通順逆、吉凶禍福，乃「節遇之命」（〈正名〉），這不是人可以左右，但是道德生命能否日新又新，就完全是個人可以作主，一個有禮序價值的生命，能夠發光發熱，禮樂涵養的人生，是屬於多采多姿，這便是以價值為核心的人生觀。

理性素樸的生活是荀子所追求的，正如林語堂說：「人類生活太複雜了，只是一個供養自己的問題，已經要費去我們十分之九以上的活動力。」〔註122〕

〔註120〕伽達默爾：《詮釋學 I——真理與方法》（北京：北京商務印書館，2013 年），頁 185。

〔註121〕劉易齋：《生命教育》，頁 17。

〔註122〕林語堂：《生活的藝術》（台北：遠景出版社，1979 年 3 月），頁 158。

荀子知道人只能合宜的運用天地，就可以活得很自在。蓋天地之間以「人」為本，人為天地之核心，人與天地並位，人居天地之中央，能參天地之不足，天地萬物也因為人的運用呈現其存在價值，故荀子有「天生人成」之說，天不是來命令我們的，而是人能與天地參之，以人可以造福人群、安定社會，引迷入知、平治天下，還是以生命為中心的宇宙觀。荀子體現在這樣的人生規畫，其核心意義是人如何在天地中得到協調，而成己、成人、成物，成就個人與群體的禮理道德。

荀子禮樂的特點所表現在人具有「人之所以具為人」的人性尊嚴，荀子「人可以為禹」的最大特色，便是肯定人人成聖條件分已具足，也就是人的內在質素與聖人無異，這樣的理念於是形成其藝術的運用，也形成其文學觀的建構。人類各種社會組織與制度的設計，則在尋求這兩種道德間最合理而適宜的安排。能在人與人、國與國之間，出於仁愛、道義之心，追求彼此間的正義和和平，便成為人類追求「禮」的和諧世間。

三、展現儒者的詩性正義

荀子在知情意上的培養仍然不離開其核心理念——「禮」的涵養，荀子嘗試用各種方式來展開，其中生活藝術也是一種方式，正如馮友蘭所認為：「荀子禮的運用是兼顧理智與情感，依其所與之理論與解釋，《荀子》及《禮記》記所說之喪禮祭禮，是詩與藝術而非宗教。其對待死者之態度，是詩的、藝術的，非宗教的。」〔註123〕他的說法自有其觀點上認定，而將之認為理智與情感的兼顧，是詩的、藝術的，亦可見荀子在生活藝術上，表現於文章創建，以禮、以詩、以文學等都是在日常的生活中培養而來的。

荀子對文學藝術的培養，是他的思想是始終連貫的，他注重文學的實用性，把文學注入生命的情調之中，體現出禮理的教育意義，在這方面的表現實在先秦諸子之上。荀子生活藝術，以透過文思創意，開發人們的教化，能在生活中提升生命品質，學習經典與智慧，接續優良傳統的文化薰習，並且能在生活中學習文學與藝術的賞析，或由讀經、溝通、音樂、文學等的化育與返照，荀子在生活藝術方面提供了人們生活的省察，看到生命的充盈與喜樂，也展現公義以及至平。正如林語堂說：「我們應當能夠體驗出這種人生

的韻律之美，像欣賞太交響曲那樣地欣賞人生的主旨……我們應該有一些恒河般偉大音律和雄狀的音波，慢慢地永遠地向著大海漂流去。」〔註124〕

荀子樹立以「道」主宰人的行為，由此達到管理身心、社會與治理國家的目標；並且通過禮樂文化，讓人明白是非的道理，讓人心接受「道」的指引，以文字語言來載顯道的流行，由此培養個人的文學藝術及其生命情調中，荀子廣泛吸取正統雅俗文學觀點，來傳播生命情調，有其理想、諷寓、教化等的生命教育，從〈成相〉、〈賦〉等篇，來展論其崇高的理想、人生比類、人民教化，以為其生命情調，故哲理必須以我們天賦本能的和諧為基礎，故林語堂說：「中國儒家的觀念，對於人類尊嚴的最高理想，是一個順著自然而生活，結果達到德參造化之境。」〔註125〕故只有那些與詩歌相應的哲理，以及對大自然和人類本性有相符相應的哲理，那才是對人們的生活有所助益。

荀子的生活藝術乃是對人生宇宙中，對於生活的活動現象與經驗，加以整個歸納、評斷反省，以期建立一套足以持續教導個人與群體如何成就個人、參與社會，且共營理想的群體生活的知性原則，讓人類能夠更認清自己有什麼？能做什麼？而從容的生活世界中面對各種現實問題，在當世或未來持續改善個人、群體的生命，彰顯人類生命存活的普世價值與尊嚴，更讓人類能夠平安而順遂的發展人生，實現清明的理智，並從而建立人文的禮序。一如瑪莎·努斯鮑姆（Martha C. Nussbaum）曾提文學作為一種「詩性正義」的呼聲，他提出作者與讀者之間有所謂的「共感」（co-duction）效果，如云：「閱讀以及評價某人閱讀了什麼，這種活動在倫理上是寶貴的，因為這種活動的建構在某種意義上需要專心投入，也需要批判性的對話，需要將一個人閱讀到的和一個人自身的體驗以及其他讀者的感應與爭辯相對照。如果我們以這種方式來思考閱讀，把閱讀看做全神貫注的想象和更超然的批判性反思的結合，我們就能夠開始研究為什麼我們可能在閱讀中，找到一種適合於民主社會中公共推理的活動。」〔註126〕所以當荀子推動讀經與或言說做一種倫理推理風格的範式，就有一種不失人與人之間語境化的範式，在這種範式中，通過以人們繁榮的普遍觀念去分析具體情境，我們獲得了有可能的普世化的具體指引。

〔註124〕林語堂：《生活的藝術》（台北：遠景出版社：1979年3月），頁34。

〔註125〕林語堂：《生活的藝術》（台北：遠景出版社：1979年3月），頁156。

〔註126〕〔美〕瑪莎·努斯鮑姆（Martha C. Nussbaum），《詩性正義——文學想象與公共生活》（北京：北京大學出版社，2010年1月），頁21～22。

　　荀子的文學藝術涵養，是聖人的經典來浸潤人們的生活、用禮樂的修養來端正風氣而超越繁華，以文學藝術為人生情調，讓個人與群體或私與公之間的關聯成為一種共融共涵的狀態，他具提出了一套理想的構思，並認為公德之義主導私德之欲，君子要以道義來關懷天下，這是其人生價值的理想，也是君子的生命教育。

第五章　荀子的養生療癒與諮商輔導

　　儒學的教導是教而不教、不教而教的教育，在身教重於言教的師道下，一言一行都成了生命之教，直指生命的要點，無一不是人人體道的流行。聖賢教人以「學」、「覺」、「敬」、「定」等工夫，讓人啟發、提醒、勉力、悟參，以致倫理、道德、智慧、因果等旨趣，而能達到「放之則瀰、卷之則藏」的功效，所以這種內外兼收、身心合一的東方思想，無疑成了當前世界人類生命問題療癒的基石。生命教育是一種整合性的教育，也就是從生活的每一個當下來觀察人性的特質，人們必須從生活中學習應對每一種天地人事物所遇合的事件，並力圖達到生命最合理的安適。

　　荀子以「性惡」的觀點，認為這是一種生命負向成長，也就是身體生病的現象，這與悖亂、敗亡乃至死亡等互為因果關係。於是他教導人們去瞭解、體認，讓生命回到原來的整體性，漸能遠離生命之「惡」。性惡告訴人們目前缺乏什麼，使人察覺生命必須去做出關注，經由這內在的傾聽和覺醒的過程，使性不再為惡。荀子的禮是一種生命的學問，其實就是一種廣義的生命教育，是經由推源、體察、解蔽等過程，認識惡－生病－教育相依的關係，重建生命整全性的原貌。本章從養生與療癒、諮商與輔導、生命禮俗與死亡教育等四個面向，乃是現代人最關心的議題，以展開荀學與生命教育的關懷。

第一節　荀子養生觀

　　荀子論禮的諸多面向中，禮產生的緣由及禮的價值內涵，言及「養人之

欲，給人之求」之說。以「使欲必不窮於物，物必不屈於欲」（〈禮論〉），就是讓人的欲望得以充分滿足，是為禮的原初目的。至於禮的另一核心意義——「別」，也就是即秩序、等級等社會性意義，其原初目的亦是基於「養」的要求上。由於情感欲望屬於人的自然生命層面，因此可以說，自然生命的重視，乃是荀子禮的原始關懷。

傳統養生認為天地人是一整體的觀念，故人體自身的完整性及人與自然、社會環境相統一，也要有一餐的認識。荀子的禮以養生的原則，正是一種生命上游的防範，故除了上述節制之外，荀子還提出治氣養心、治氣養生等方法，來達到對治人性可能為惡的方法。養心或養生，其發展方向也各不同，心指的是心理活動層面，生是指生活言行層面，在未病之前與自然各方面予以調衡合和，當個人的進入社會互動的關係上，禮就是溝通的橋樑，也是道器之間的作為、是法理與對治的法則。

一、治氣養生

治氣養生要以天地的秩序來符合個體的秩序，在古代哲學中論「氣」，乃有「氣本一氣」之說，以天地人諸氣皆稟此一氣而分別，此即「元氣一元論」的說法。[註1] 從元氣而產生，以別陰陽、成天地，天地之氣升降交感，陰陽之氣上下合和而生養萬物，人稟受氣的升降上下出入，互動協調而得以維持人體生命進程，此乃中醫根據氣的趨勢和所發事的作用，當陰陽二氣的互動和功能有序諧和，則人體平衡穩定而達健康。

荀子以治氣養生某種程度是傳統的醫學觀點，他從個性的調治培養到變化氣質，從情感的放縱回歸合理原則，他以一客觀的禮制來統一善良意志，進而讓血氣和暢、身體復元，走出傷痛，進一步也從積極態度來言：

> 扁善之度：以治氣養生，則後彭祖；以修身自名，則配堯、禹。宜於時通，利以處窮，禮信是也。凡用血氣、志意、知慮，由禮則治通，不由禮則勃亂提侵；食飲、衣服、居處、動靜，由禮則和節，不由禮則觸陷生疾；容貌、態度、進退、趨行，由禮則雅，不由禮則夷固、僻違，庸眾而野。故人無禮則不生，事無禮則不成，國家無禮則不寧。（〈脩身〉，頁49）

〔註1〕孫廣仁、鄭洪新主編：《中醫基礎理論》（北京：中國中醫藥出版社，2014年6月），頁27。

從養心到養生，乃有連帶作用。此謂「扁善之度」，指禮儀法度而言〔註2〕，文中所論透過禮儀法度，讓生活中的「食飲、衣服、居處、動靜」方面皆能合宜，如此便能避免疾病發生，而這些事項也是直接與人的生理健康有正面的關係，能僅以此道，即能身獲生命的長生，而「後彭祖」之說，更是積極地論及禮在生命安頓的意義。從「食飲、衣服、居處、動靜，由禮則和節，不由禮則觸陷生疾」之句來看，是論及禮對於人體精神理性與人格意志的培養。

當人體是與天地之氣相合時，宇宙之氣的運動規律是天氣下降、地氣上升，即「陽降陰升，交感合和」人體之氣也是如此地運動規律，則人可以引天地之氣來存養自己。如人氣在體內不斷升降出入運動時，就必須要有所導引、制約，故荀子在「凡用血氣、志意、知慮，由禮則治通」諸語中，說明荀子以禮符合自然之氣，與此能促進生命通達而有條理，是同時就血氣習性之自然生命，以及志意、思慮之道德理性與意志面向。

然而荀子也重視到人與人互動之氣，強調社會中也有達到一種和諧，才能生活得宜。其禮的制度與人格是相互融攝的，兩者必要達到一種統一的程度，人得以充滿元氣。布伯（Martin Buber，1878～1965）曾言：「制度是熙熙攘攘的市場，情感是千變萬化的居室。不過兩者之間界限時常遭受侵犯，放蕩不拘的情感不時闖入講求實際的客觀制度，但後者總能憑藉統一之善良意志而復元自身。」〔註3〕這是布伯論關係哲學之理，將人與整個環境就是一種關係，關係的互動要達成一種和諧秩序，才能運作順暢，而荀子論禮就是達到一種秩序，禮的運作也是人與環境的交融，此時也是人體對傷痛的抒發，對人際之情的撫慰。

禮在生活層面對於生命的積極促進，除了生活儀節本身對於健康養護的直接促進外，它也能回饋到自我理性與個人意志的培養有密切相關，故氣的調治在有形無形之間，人以其態度而決定價值。如弗蘭克說：「人就像是一位雕刻師，以鑿子和槌子來刻造尚未成形的璞石，使得質料逐漸呈現為形式。人也是在刻造命運所供給他的形質，從他的創造、經驗和受難中，他試著去

〔註2〕王念孫曰：「扁讀為遍，韓詩外傳作辯亦古遍字也。遍善者，無所往而不善也。君子依於禮，則無往而不善，故曰遍善之度。下文以治氣養生六句，正所謂遍善之度也。」因此，「扁善之度」，當意謂：「禮信是無往而不善的法度」，且「此四字是標題」。參見，李滌生：《荀子集釋》（台北：臺灣學生書局，2000年3月），頁25。

〔註3〕布伯著，陳維剛譯：《我與你》（台北：桂冠圖書，2011年3月），頁35～36。

雕刻出自己生命價值的雕像來,具體化的展現在創造、經驗和態度的價值上。」
〔註4〕在身心方面有所養,不只在外在的禮儀,也要注重內在的禮義,如此身心暢通。故養心與養生的思考而言,人透過氣的調治,氣在學習與禮的實踐中,培養出理性與意志,並得以有充足的智慧,進而有益於滿足於生命形態,變化人生的氣質習性。

二、理禮的操存

儒者知道,有生命就會有病,人會生病不足為怪,人如何在會生病的生命中探索出真實意義,求得一安身立命之道,荀子提出人一出生,就有可能「惡」的病兆,這「惡」可視為一種病因觀的基源概念,從自然過渡在社會,並且與人群不斷在相互滲透,造成「凡人之患,蔽於一曲,而闇於大理。」(〈解蔽〉),這樣的現象就是「惡」,此病兆也很可能在產生嚴重的身心及家國社會的病症。荀子云:

> 彊鉗而利口,厚顏而忍詬,無正而恣睢,妄辨而幾利;不好辭讓,
> 不敬禮節,而好相推擠;此亂世姦人之說也,則天下之治說者方多
> 然矣。(〈解蔽〉,頁 873)

荀子所處的環境,已然有那麼多人生病,他對於這個病態的社會,他不得不有一套療癒的方法,那就是「禮」。「性惡」的觀點已然看出人生可能致病的原由,任其發展只有更加痛苦,荀子以此來探討其來龍去脈,在整體的掌握根據下,生命所代表的價值體系而所形成的療癒觀念,都可以用「禮」來化解之,於是「禮」成為一種本體與實踐的兩種面向,他提供的對治人生問題的理論與方法,從而體現價值,能改善人體的血氣意志,可以稱為禮養生觀。

就實踐依據而論,荀子養生的實踐核心是從養心到養生乃至於體道,從心的認識能力、學習能力,以及透過學習與實踐,而培養出理性思維之自主的人格力量,這都是意味著生命的力量來自於「養」。養是禮的基底,禮生命做為外延,禮、養與生緊密的相依相存,在人生之中日用言行有了根據,生命的中和也有了保障。此是荀子教人由禮來進入心靈的探索,讓禮與人生一切互動的語言,如舒斯特(Shlomit C. Schuster)所言:「哲學作為自我的實踐,也可以被視作是自我的預備方式……,它應當被視為是一種自己為著達到哲

〔註4〕弗蘭克:《生存的理由》(台北:遠流出版社,1991 年 7 月),頁 86。

學生活方式所作的準備。」〔註5〕荀子以禮為養生觀點中，對於從理性生命涵養到自然生命與，正是以儒學的哲學方式，做為實踐的基點。故從養心觀又開發出養口、養形、養樂、養名等一切之涵養之道，如言：

> 行離理而不外危者，無之有也；外危而不內恐者，無之有也。心憂恐則口銜芻豢而不知其味，耳聽鐘鼓而不知其聲，目視黼黻而不知其狀，輕煖平簟而體不知其安。……如此者，其求物也，養生也？粥壽也？

> 心平愉則色不及傭而可以養目，聲不及傭而可以養耳，蔬食菜羹而可以養口，麤布之衣、麤紃之履而可以養體，局室、蘆簾、稾蓐、尚机筵而可以養形。故無萬物之美而可以養樂，無埶列之位而可以養名（〈正名〉，頁 925～926）

當人有憂慮不安的心緒，會讓人陷入憂恐之心緒，當心若能識理，則自然心平氣愉，在理性的引導下，人的心緒自然平和，而耳、目、口、鼻及形體身軀等自然生命內容，也會得到善養。當君子安閒時血氣不惰散，勞倦時容貌不枯槁，所以能如此，正由於能「束理」、「好文」，即能實踐、注重禮儀規範。

三、治氣養心〔註6〕

荀子接受道家的思想，曾提出心如槃水、虛壹而靜而到達大清明心的修養論，此工夫於前面章節已述及，本小節就其養生的觀點，結合馬瑞諾夫提出五個階段的「寧靜方法」的論點：問題（problem）、情緒（emotion）、分析（analysis）、沉思（contemplation）、平衡（equilibrium）等步驟，是維持心靈寧靜最可靠的切入方法，可做為與荀子治氣養心的修練之印證。〔註7〕

（一）問題指出。荀子基於自然生命面向到理性生命面向的生命觀，論及生命涵養與療癒的思維上，提出歸攝在「禮」的學習與實踐，人能依禮而行，則能達到療癒的目的。但凡人氣粗而用亂，將氣結合欲，以致言行有所

〔註5〕舒斯特著，張紹乾譯：《哲學診治——諮商和心理治療的另類途徑》（台北：五南出版社，2007 年 1 月），頁 28。

〔註6〕王天海注云：「言治氣養生，側重於生活、儀表、行止的節制，總論禮於人、事、國家的重要性。此節言治氣養心，重在人的心性、品行、才智的修養，故云『由禮』、『得師』、『一好』，是其術也。」《荀子校釋》上冊（上海：上海古籍出版社，2009 年 10 月），頁 55。

〔註7〕馬瑞諾夫著，吳四明譯：《柏拉圖靈丹——日常問題的哲學指南》（台北：方智出版社，2009 年 2 月），頁 52。

偏便，故他提「治氣養心」的理論中，乃以調和血氣、心性、剛柔等有偏質的生命，馬瑞諾夫認為：「外部發生的事件，獨立存在於你的信仰對外的事實以及對於這些東西的感覺或渴求。」﹝註8﹞故對於這些外部的事，荀子略將欲望之氣可能的病情分類為：血氣剛強、勇膽猛戾、齊給便利、狹隘褊小、卑溼重遲貪利、庸眾駑散、怠慢僄棄、愚款端愨等項目。如云：

> 治氣養心之術：血氣剛強，則柔之以調和；知慮漸深，則一之以易良；勇膽猛戾，則輔之以道順；齊給便利，則節之以動止；狹隘褊小，則廓之以廣大；卑溼重遲貪利，則抗之以高志；庸眾駑散，則劫之以師友；怠慢僄棄，則炤之以禍災；愚款端愨，則合之以禮樂，通之以思索。凡治氣養心之術，莫徑由禮。（〈脩身〉，頁55）

荀子以轉化氣質習性與培養理性人格二者，即謂「治氣養心」。而治氣養心的途徑，則主要落在禮的實踐上。若從上引文字語脈來看，調和、易良、道順、廣大等道德人格，既然是由血氣剛強、知慮漸深、勇膽猛戾、狹隘褊小等氣質習性轉化、調節而培養。

（二）情緒與分析。當各種人生問題出現時，將會引發人的各種情者反射，馬瑞諾夫說：「你必須檢討因為這個問題所引發出來的情緒」、「一個理想的解決方法，應該可以處理外在及內在的議題。」﹝註9﹞如人的血氣剛強，意謂個性剛執，執便是有所偏，偏就會偏向，故必須加以「柔」化，使之剛柔相濟，方能立身成業，故調和，乃是以禮以節制之，終而達到中和的目的。「知慮漸深，則一之以易良」。﹝註10﹞由於智慮過分潛深，很容易近於陰險，陰險的人常多隱諱，故這樣的人要以坦率簡易以進於純良。「勇膽猛戾，則輔之以道順」。楊倞注云：「膽，有膽氣；戾，忿惡也。性多不順，故以導順輔之也。」俞樾注云：「順，當讀為訓。道順即導訓也。」故勇猛暴戾的個性易於衝動，故應以道理引導之，使之歸於靜順。「齊給便利，則節之以動止」。楊倞云：「齊，疾也。齊給便利，皆捷速也。」言語行動太快，在任何場合，都能很快做出對自己有利的反應，這樣的個性，是容易妄動，也容易不在意，故要使其有穩重而肯定的性情，並有安詳徐緩的舉止以節制。

﹝註8﹞馬瑞諾夫：《柏拉圖靈丹——日常問題的哲學指南》，頁56。
﹝註9﹞馬瑞諾夫：《柏拉圖靈丹——日常問題的哲學指南》（台北：方智出版社，2009年2月），頁53。
﹝註10﹞楊倞注云：「漸，近也。智慮深則近險詐，故一之以易良也。」王念孫注云：「漸，讀為潛。〈洪範〉云：『沉潛剛克』」。參見，《荀子集解》，頁29。

又如人「狹隘褊小，則廓之以廣大。」心地狹小、過於小器，也可能因此而見識過小，這時候就要以廣德要來開擴他，使他胸襟開闊，而自具信心。「卑溼重遲貪利，則抗之以高志。」卑溼，謂過謙而無禮；重遲寬緩也。楊倞云：「夫過恭則無威儀，寬緩常不及機事，貪利則苟得，故皆抗之高志也。」〔註11〕對於卑下迂緩、貪圖小利的人，應以高尚的志節來提振鼓鼓勵他，並設法提高他的理想。「庸眾駑散，則劫之以師友。」、「駑，謂材下如駑馬者也。散，不拘檢者也。劫，奪去也。言以師友去其舊性也。」對於庸碌而沒有才情、又不知檢點的人，就要以良師益友的相互扶持，以道德的力量，讓他們在進德修業中得到成效。「怠慢僄棄，則炤之以禍災。」、「僄，輕也，謂自輕其身也。炤，與照同。謂以禍災照燭之，使知懼也。炤也可解為昭，明白曉喻之。對於輕浮怠慢、不負責任、又自暴自棄的人，應該以將若來災禍以曉喻他，並使之知道莊敬厚重之理，而有所警惕。」、「愚款端慤，則合之以禮樂，通之以思索。」、「款，誠款也。」〔註12〕愚是憨直，款是誠懇，端是莊重，慤是忠謹。這樣的人正是荀子的樂見的，故只要能加以禮樂的調治，則學有所美，禮有所成，可以為人格之美。又加上「通之以思索」，就是「君子學也，入乎耳，著乎心，明乎四體，形乎動靜。」（〈勸學〉）如此從根本上調治，則見禮樂教化的秩序與和諧，「則君子之學也美其身」（〈勸學〉），就是荀子理想禮的風格。

（三）整體性的沈思。人心是生命的主體，也是一切萬物具體之心，此心必須在不同的時空中自善其善，以成就一切，圓滿自己，這是透過對氣的滋養，使其澄徹清析而能掌握與理解一切，這是其虛壹靜的功夫展現，故荀子稱為「大心」。這正如馬瑞諾夫所說：「你不應該窩居在幾棵樹上，而應該去檢視整座森林的樣子。……應該從整體的方向培養一致的哲學觀點。」〔註13〕此大心順著人的自然性向、自然生命的流向，以禮加以調整，使其連上人的生命心靈中的性情，把性情發展到終極的層面，把生命心靈提升到道的流行的本來境界，讓人心符於中理之大心。所以大心也包容了生命之惡質的部份，人雖然生活在惡的環境中，但因大心的補偏與彰蔽，終至達到則天而道的生活。

〔註11〕以上楊倞注，（北京：中華書局，2013 年 4 月），頁 30。
〔註12〕以上楊倞注：《荀子集解》（北京：中華書局，2013 年 4 月），頁 30、31。
〔註13〕馬瑞諾夫：《柏拉圖靈丹──日常問題的哲學指南》，頁 54。

（四）取得平衡。在所有的問題產生之後，人經過人表達情緒、分析選擇以及思考之後，最後人可以達到平衡。馬瑞諾夫說：「你瞭解自己問題的本質，同時也平好採取適切且正當的行動的準備。……對於未來不可避免的變化，也已經做好了準備。」〔註14〕這就是荀子大清明的「氣」，氣是一種平衡的能量，足以用來面對人生負向的各種病症。從問題、情緒、分析、沉思、平衡等觀點來看荀子從治氣養生到治氣養心，是一種層層升進的養生觀，「道」又是這一切調養的機制。

第二節　荀子療癒觀

儒學療癒觀的探討實應包含天地人三個層面〔註15〕，在儒家格致誠正中修己安人、成己成物與天人合一，所以儒家的療癒絕不僅限於追求個體生命的健全，只有整體的健康，個體才有健康的可能。察「病因觀」的形成，其中細項儒者也無一一詳述，但在生活之中所遇到的「病況」，都不出儒家以「心」所展開的生命，人間生命之煩惱、艱難、病痛等負向存在，都在天地之中發生，而天地以人為首出，人又為心所主宰，是以荀子掌一「心」字，心開顯出理禮的充分和諧，就是掌握了所有病因，以「心」來對治所有的病痛、完成生命的真實。

一、儒學的病因觀

儒家對「病」的定義，蓋括了所有破壞整全生命的動力與現象，負面的語詞如毀壞、艱難、哀傷、死亡、虛妄、顛倒……等等〔註16〕，都包括這「負向的存在感」〔註17〕之中，總之與仁相對的「性惡」，都可以納入病的範疇。

〔註14〕馬瑞諾夫：《柏拉圖靈丹——日常問題的哲學指南》，頁 54～55。

〔註15〕《易經·說卦》云：「立天之道曰陰與陽，立地之道曰柔與剛，立人之道曰仁與義，兼三才而兩之」。人配於天地，而能參贊之，故能兼三才而兩之。孟子亦云：「天時不如地利，地利不如人和」，是則人為天地和諧的主要因素，《四書章句集註》，頁 241。

〔註16〕參閱唐君毅：《人生之體驗續編》（台北：臺灣學生書局，1996 年 3 月），之各章節標題。

〔註17〕曾昭旭說：「心靈生命不健康所外顯的病徵，就是情緒上的憂、懼、惑、怨、尤（以上依儒家）、負累、倦怠（依道家）、煩惱（依佛教）、及罪惡感（依耶教）。」參閱，曾昭旭，《良心教與人文教——論儒學的宗教面相》（台北：臺灣商務印書館，2003 年 8 月），頁 137。

病既是因生命而生，那麼首先要治療的將不是疾病本身，而必須先瞭解「生命」這個本體為什麼會生病？而什麼人會得什麼病？生命與病之間，其微妙的連繫互動又是什麼？從荀子的儒家性格來探討，認為病乃是人「性惡」的來由，在追尋治療的根據下，整全生命所代表的價值體系而所形成的觀念。從有文化歷史至今，天地萬物總是不改在變化，這變化中人從歷史洪流，如何安身立命，亦是秉此感通力，以適應時局，而向人真誠的生活世界。

儒學的療癒思想可從《易經》探論起，其富涵博大精神，窮究天人之道，在中國的早期的人類社會，醫與易長時期的融會一體，對於大自然的體會上是「醫易同源」〔註18〕。中醫最重要的典籍——《黃帝內經》〔註19〕的醫學理論，可以說都與《易經》互通生息。如〈繫辭上〉云：「易有太極，是生兩儀，兩儀生四象，四象生八卦，八卦定吉凶，吉凶生大業。是故，法象莫大乎天地，變通莫大乎四時。」故中國人的病因觀來自於《易》的觀點，循陰陽、四象、五行、八卦、九宮的先天原理，而加入後天變化的因素，使得六十四卦有著更細部的分項，如人有百工、地有千處、時有十二時、事有千萬事、物有千萬物……等，各種因素相錯又互具，故病因觀的形成可謂重重而無限。

又如社會的發展，儒者的出現本來就有「需」的意思，即為人們所需要，《周易·歸妹》：「歸妹以須」，鄭玄注云：「須，有才智之稱。」〔註20〕須即是需，故何新說：「從語音以及『胥』、『需』所擔任的司禮、司樂、司文的職能上，都有充分的理由斷定，《周禮》中的『小胥』、『大胥』的胥，即後世的『小儒』、『大儒』和『儒師』。」〔註21〕故儒的作用是人們所需，他們在社會中屬於特殊的地位，其職業的特殊使他們沿襲著特別的裝束，如儒冠、儒服等，如云：「儒者在本朝則美政，在下位則美俗」（〈儒效〉）。又《周禮·天官》：

〔註18〕張其成：「《易經》被人們稱為「占筮之書」。「易」作為一種占卜、占筮活動，本身即是巫術的一種，與「醫」自然是同源的。人類文化經歷了從巫術文化到人文文化的發展過程，換句話說人文文化來源於巫術文化。因此在這個意義上甚至可以說「醫」來源於「易」（占卜活動）。」參見，張其成：〈論《周易》與《內經》的關——兼論帛書《周易》五行說〉（北京：國際易學研究）第 6 期，頁 15。

〔註19〕《黃帝內經》是中醫與易學匯通的經典著作，成書於戰國時期（公元前 403～221 年）。它的內容包括五運六氣，天人合一，陰陽五行，臟腑經絡以及各種病症產生和變化的原理，治療的原則。參考王冰註：《黃帝內經》（北京：中醫古籍出版社，2003 年）。

〔註20〕鄭玄注：《周易正義》（台北：台灣古籍出版社，2001 年），頁 260。

〔註21〕何新：《諸神的起源》（台北：木鐸出版社，1987 年 6 月），頁 340。

「儒以道得民」，賈公彥疏云：「儒，諸侯保氏有六藝以教民者。」此皆是儒的正統意義。何新云：「孔子開創的以禮樂為教的儒家，正沿循著『儒』的這一語義發展而來。」〔註22〕儒家之學獨傳五經六藝，而重在禮樂之教。……可見，孔子所創的儒家，所繼承的其實正是古代「需」的文化。

荀子在很大的基礎傳承孔子的理念與思想，但他又很類似西方的哲學家，在對現象觀察的思維，提供「禮」的教化與精神，一指向追求真理、建構知識，兼容道器兩種連繫；一指向實踐與實用，以禮的建構，有助於社會國家及人類身心。他以禮的基礎或根本的問題，培養人思考的能力、判斷的能力、分析的能力、實用的能力……，甚至能幫助人們對真理探索能力的方法。禮能在真理與實用之道上，幫人找到生活的定位，建立自己面對人生的解決方法，能幫助人們探討現象發生的原理原則，了解人生活在天地之間的實存，找到人與大自然之間最健康的關係。

荀子認為病命的關係，來自於性傷與節遇，如曰：「性傷謂之病，節遇謂之命」（〈正名〉）。是傷於天生之性，則無所適從。人有天生之性，而此天生之性即指天生之命，生而有此性，生而有是命，又人以群居的生活，致而「好利而欲得者，此人之情性也。」（〈性惡〉），可知，「荀子是『以欲為性』，這也是荀論性的最大特色。」〔註23〕欲是讓命致病的主因，又認為病是因生命而起，那麼首先要治療的將不是疾病本身，而必須先瞭解欲望，從此探討其來龍去脈，在追尋治療的根據下，整體生命所代表的價值體系而所形成的觀念。

荀子言性而即命，命的內容如蔡仁厚說：一、有「感官的本能，如耳目口自鼻之辨聲色臭味、骨體膚理之辨寒暑疾癢等」；二、有「生理的欲望，如饑欲食，寒欲暖、勞欲息、以及耳目之欲等」；三、有「心理的反應，如好利而欲得，好利而欲害，及疾惡之情等。」〔註24〕這三層現實的存在性，使人常無法以理性之自我，自由地掌握，而「性者，天之就也。情者，性之質也。欲者情之應也。」故此性此命，乃以情為質，以欲為應，耳目聲色所愛就是欲，欲就是應好愛之情而生，故愛好情欲之間相資為用，導致人的命也產生了各種病疾。

〔註22〕何新：《諸神的起源》（台北：木鐸出版社，1987年6月），頁342。
〔註23〕徐復觀：《中國人性論史・先秦篇》（台北：臺灣商務印書館，2010年7月），頁234。
〔註24〕蔡仁厚：《孔孟荀哲學》（台北：臺灣學生書局，1999年9月），頁272～273。

　　荀子對治之道，總要以「禮」。「禮」中包含着對於原初自然生命面向的關注，其中又以禮與養生之間的密切關係為要。荀子把天地萬物分成四類，他說：

> 水火有氣而無生，草木有生而無知，禽獸有知而無義，人有氣有生有知，亦且有義，故最為天下貴也。（〈王制〉，頁381）

王天海注云：「氣，是我國古代哲學概念，常指構成萬物的物質。《易·繫辭》：『精氣為物』《疏》：『謂陰陽精靈之氣，氤氳積聚而為萬物也。』生，謂生命。知謂感知。」〔註25〕從生命的現象來看，一為「水火」，說水火僅有氣的現象作用，但是沒有生命本質。二者「草木」，草木雖有生命，但它沒有知識、沒有智慧。三者「禽獸」，謂禽獸有認知官能的作用，但是它沒有理性，即指禽獸沒有禮、義、廉、恥為綱常的倫理運作。四者是「人」，人的生命內涵包含了氣、生、知以及義，故為萬物中最為尊貴者。故氣、生、知乃是人血氣心知的自然生命層面；對荀子而言，知除意指人生而有之的思考能力外，尚可意指人透過後天學習所積養的知識內容，因此，知又同時和義，屬後天的價值意識與品格心志等層面。故荀子對於人的生命幅度，包括從血氣心知的自然生命層面到價值實踐層面，則包含了身、心、欲、性、理、義等為內容。

二、禮以治病觀

　　荀子論性所描述出的生命內涵說明，從「情然」到心為之慮，從心之慮到透過積、習而培養出道德意識與意志，即心透過後天的積習，能將自然生命導向道德生命。然而導情向善是對情的慮擇而非排除，故在價值範域中，荀子仍何有此情。由此可見，荀子正是將道德內涵立基在自然生命層面上，同時也要求自然生命層面的滿全。如云：

> 養備而動時，則天不能病；脩道而不貳，則天不能禍。故水旱不能使之飢，寒暑不能使之疾，祅怪不能使之凶。本荒而用侈，則天不能使之富；養略而動罕，則天不能使之全；倍道而妄行，則天不能使之吉。（〈天論〉，頁676）

這是重視人的自主能動性，強調動對人體健康的意義，是掌握在自己，認為人活著要富有氣，充滿活力，積極面對各種生活的考驗，故養正是一種對治病情的觀念。天地萬物不但只是生活的資具，然而產生諸多現象也是人要

<hr />

〔註25〕王天海：《荀子校釋》下冊（上海：上海古籍出版社，2009年10月），頁382。

去對治的對象。

　　要達生命的療癒，天人之間是相滋相成，要能互不牽擾，要互相協調和合而不受影響，這就是荀子「分」的概念，如云：「分均則不偏，勢齊寬不壹、眾齊則不使」、「草木榮華滋碩之時，則斧斤不入山林，不夭其生，不絕其長也。黿鼉魚鱉鰍鱔孕別之時，罔罟毒藥不入澤，不夭其生，不絕其長也。」（〈王制〉）天提供資源而人有生理需求，人適時地取用天地萬物，在兩者之間達到維持穩定的均衡，故養就必須「分」，如云：「制禮義以分之，使有貧、富、貴、賤之成，足以相兼臨者，是養天下之本。」（〈禮論〉）從人的自然生命層面，來看需求的滿足與調適，是荀子療癒觀的重要一環，有所謂：「不事而自然」之性。此氣因喜怒哀樂等情欲，可能致「病」，故病是蓋括了所有破壞整全生命的動力與現象，如毀壞、艱難、哀傷、死亡、虛妄、顛倒，都是屬於氣的跂出〔註26〕，故天生之外，還必須要人以禮養之。

三、禮的養命觀

　　荀子有「禮者養也」的說法，乃禮義的實質是能夠在人類的生活，滿足最大限度的群體的須求，如云：

> 故禮者養也。芻豢稻粱，五味調香，所以養口也；椒蘭芬苾，所以養鼻也；雕琢刻鏤，黼黻文章，所以養目也；鐘鼓管磬，琴瑟竽笙，所以養耳也；疏房檖貌，越席床笫几筵，所以養體也。故禮者養也。（〈禮論〉，頁751）

「禮者，養也。」清楚的點出禮的功用之一，即是滿足人類的生理需求與感官本能。因為人的五官有「目好色，耳好聲，口好味，心好利……」（〈性惡〉）等造成人的生理需求。以「養口」、「養鼻」、「養目」、「養耳」、「養體」……等，「養體」之觀念，正可說明養的療癒之思維作用，從生命起源到終極目的，以天生之命層面為考量，從感官之欲望論起，認為口鼻耳目身體等都必須給予適當的需求，需求是生命安定的條件，需求也要適度，欲望需求的缺乏或滿溢，勢必造成身心變化，如人聲色的得不到需求，將引起人更汲汲追求物質，如此者縱於己之所欲，或不滿於己欲，而行種種非禮之事，將足以擾亂

〔註26〕曾昭旭說：「心靈生命不健康所外顯的病徵，就是情緒上的憂、懼、惑、怨、尤（以上依儒家、負累（依道家，即心靈倦怠感）、煩惱（依佛教）、及罪惡感（依耶教）。」曾昭旭，《良心教與人文教——論儒學的宗教面相》（台北：臺灣商務印書館，2003年8月），頁137。

身心致生淫亂，易遭致禍患，大大礙於養生之道。故荀子以人的生命要有適當的補養，欲望要給予適當的滿足，這都是安養生命的基本需求。

　　《荀子》通篇可見其對情緒、欲望、習性、理智等生命內涵的描述，如〈禮論〉言：「人生而有欲」，是以欲為生命的內容，如〈富國〉言：「人倫並處，同求而異道，同欲而異知，生也」，此言欲求、理智人人或許不一樣，然是生命的形態，都有：「飢而欲食，寒而欲煖，勞而欲息，好利而惡害，是人之所生而有也，是無待而然者也……。」等需求，但人的感官飲食及其欲求，以及「好利惡害」之趨向意識，則生命可能趨向的錯誤而有致病的原由。如云：

> 怏怏而亡者，怒也；察察而殘者，忮也，博而窮者，訾也，清之而俞濁者，口也；豢之而俞瘠者，交也，辯而不說者，爭也；直立而不見知者，勝也；廉而不見貴者，劌也；勇而不見憚者，貪也；信而不見敬者、好剸行也。此小人之所務，而君子之所不為也。（〈榮辱〉，頁 116）

所舉的生命負向存在感，都是因為人的官感知覺中產生的無禮的反應，如亡者、殘者、殘者、濁者、瘠者、不說者、不見知者、不見貴者，不見憚者，不見敬者……等，都是小人汲汲營求的方向，那是錯誤的原因所致，如怒也、忮也、訾也、口也、交也、爭也、勝也、劌也、貪也、專行也……等等對現象的無理與無禮，因而漸漸有了各種情緒，終而讓自己變成小人，而受困在負面的籠罩中。故其以天與性都是屬於負面的，只有彰顯「禮」才能有對治效果。

　　然而「生而有欲」，仍必須以「人無禮不生」（〈大略〉）為保命之道。禮是客觀的標準，是包括人在內的天地萬物的本源。禮也同時內在於每個人的生命原則，此原則表現為我們日常行為中的理性精神。因此，禮乃是既超越之理又內在之義，當人體現道於禮法實踐之中時，從而體現出無限的價值，人可以藉禮的實踐而有正向生命。需求也要有節制，故云：「禮者，節之準也。」（〈致士〉）欲望需求的養與節看似兩者是相互對立的，實則可以相輔相成。節之準在禮，也可說禮為節之所由出，而節為禮的作用之一。故楊倞注云：「節即謂限禁也」。俞樾云：「節猶適也」。陳大齊認為：「節的作用，可謂涵攝著限禁與適合二義，用限禁為手段，以達成適合的目的。」〔註27〕這是非常

〔註27〕陳大齊：《荀子學說》（台北：中國文化大學出版社，1989 年 5 月），頁 187。

通情達理的看法，對於荀子所講節的作用之義，足以面面顧到。「上下內外節者，義之情也」，所謂情乃實質之意，義之情即義之實；義之實即禮之實，由此更可知節為禮義所涵攝的普遍作用。

　　荀子論保命，認為無「禮」的話，自然的生命將放盪流淫，情欲橫行，人文社會等將致生命於邪說奸言、譎宇嵬瑣，故各種病疾將交雜而起，是非相激為動亂之源。荀子乍看之下禮義與人性，好像是兩分而且不可相通，然而他從血氣心知的生命層面觀照，認為禮也在人倫日用行而不曾失卻，故荀子諸篇提出「禮以養生」的觀念，實則為生命療癒的面向。

　　現實社會中的個體，之所以能依其心知之辨，而終止於禮義，是禮義即道也，而依此邏輯，人人也為自己的利益得到滿足，聖人加強了這樣的說法，並以身示道，讓人有對象的參照，故禮義之本，仍然在此心，療癒的動源也是此心，心是包含禮與義的合和，亦即道的合和。在經驗的讓情欲的到適切的滿足之後，又輔之以禮義之道，則人在自然生命也就能適切的得到健康，如云：

> 夫人之情，目欲綦色，耳欲綦聲，口欲綦味，鼻欲綦臭，心欲綦佚。此五綦者，人情之所必不免也。（〈王霸〉，頁 491）
>
> 人之情，食欲有芻豢，衣欲有文繡，行欲有輿馬，又欲夫餘財蓄積之富也。（〈榮辱〉，頁 150）

情欲與心知提供了人的先天稟賦的不同側面，現實的結果二是兩種因素共同當造成的。荀子看到了心對於道德性選擇的積極意義，然然認為這種積極是待實現的發展性，也就是指向未來的「偽」，所以使其心與聖人之間，產生了時代的真實性，人性需要從歷史與政治來看待現實的發展脈絡，其中有了「聖人的天縱英明，因而能夠超越具體歷史文化環境的限制，從容中道隨心所欲不逾矩者，這些人構成了禮法的根源。」〔註28〕現實的人生總是不能夠圓滿，在生活的偶遇之中，命運不其然地讓人走向「惡」，這是人生的病。

　　荀子的在生命保養論中，主要心知、情欲等生命面向，人天生之命內涵於外在環境，故人要有所養，即要有所治，此皆在禮義之道中。人做為有限的存在，生理機能也必然受到限制，並且亦由此限制而有種種煩惱、病痛以及生死。此機能生命有限是一既有之事實，則人相應而有的煩惱與病痛現象，

〔註28〕韓德民：《荀子與儒家的社會理想》（濟南：齊魯書社，2001 年 8 月），頁 288。

對現象的病加以治療就成為一承擔的責任內容。荀子提「大心」、「合道」與「養」等思維，以為生命負向存在的對治來源。荀子以「道」是先王之道，如云：「君子大心則天而道」（〈不苟〉）。道的本質就是「禮」，禮是聖人制作的人文呈顯，是大清明心則天，以產生的道，但是取法於天，卻不受限於天，取法於地，同樣也不受地之限制，是聖人先王創造出來，屬於人文化成的成就。是屬於歷史與人共同的主體創造。道的內容是禮義，但它的前提是「大心則天而道」（〈正名〉）才能成立。

從反面立說來看，若君子不在位，則天地將會失其秩序，禮義將會失其法儀，君師、父子之倫常悖離，而社會將會動盪不安，家庭身心也將不調，這正是無君子、無禮義的原因，由此可知，君子是諧調的根本。又說：「君臣、父子、兄弟、夫婦，始則終，終則始，與天地同理，與萬世同久，夫是之謂大本。」（〈王制〉）這裡是將君子（聖人）與禮義等同，是一體的兩面，以禮義為人倫之道，為治世之道，是與放諸四海皆準的，即是正面肯定聖人與禮義的不可分離性，說明禮義是聖王觀察天地之道，持守天之誠道，經世世代代的聖人經驗累積下來智慧結晶，這就是荀子提供人類的一種療癒之道。

荀子禮的療癒思想，可以樹立個體生命的健全，從整體禮法化的健康，個體才有健康的可能，這才是真正符合每一個人的利益。生命以「生之所以然」、「本始材樸」之情欲、血氣、心知等為範疇，荀子的以禮義順自然生命的關注，以禮義的實踐與身心健康、生命延續的促進，連續著人文生命的關係，其實是隱然地建了一套禮治療學的思維。

儒學的療癒觀念與語詞，與在西方「實踐哲學」上檢視生活當下每一個心境上可為比類，中外療癒思維盡管不一定相同，療癒不再只是對治有形體的生理與心理的疾病，而人對於價值的追求，就是一種哲學的關懷，以及最根源意義的之探究，而人對於禮義的追求形成的是一種「養」的哲學，就是荀子「預防觀」的建構。正如《內經》所示：

> 聖人不治已病治未病。不治已亂治未亂，此之謂也。夫病已成而後藥
> 之，亂已成而後治之，譬猶渴而穿井、鬥而鑄兵，不亦晚乎。〔註29〕

儒學實踐的建構其實是要建立在道理性、實然之禮的工夫上，荀子禮非只空虛懸掛於主體的目標，而是在正理平治的思維上，以成為一種可貴的治療學

〔註29〕王冰註：《黃帝內經》，（北京：中醫古籍出版社，2003年），頁12。

思維，經由人類的經驗與實踐，指向於治療的儒學教化。生命療癒乃荀子所最為關注的主題之一，以禮開出以生命價值為核心的治療觀，也就是每一個人依禮而為對治方式，你要為自己思考，利用批判性及分析性的技巧，發揮你自己的見解，並在掌握自由意識時，自己正在嘗試作哲學的思維，在每個當下的情境，你可跟心進行對話，你自己會妥善協助你自己，並處理自己路上的障礙，人最終達到平衡，這就是一種預防的療癒觀，也是一種最自然的和諧狀態。

第三節　荀子對命運觀念的諮商輔導

荀子生平處於羈旅各國、戰亂不已、理想難伸之境，所以可以說疾痛的事，對他與人民而言幾是無處不在。〔註30〕他也有感於各家思想不斷滲入，人民已然無所適從，這些思想對人文精神傳統之破壞，使儒家優勢幾喪失殆盡，人們也苦不堪言，提供一條全新的對治之道就是「禮」。故開新之路，是不再以心性的高遠空理，而是需要重建儒家的實用性質，以事事講求實效，有徵諸己然後可以教諸人，見自己的過失與不足，由此擁有實在經驗與歷程，可以改變環境，建立以禮所構築的國家。他肯定思想、教育、民生、政治、社會等改造的重要性，理想的生活是建立在合理性的社會組織上，只有用禮才可以安頓現實文化的人民權益。

荀子為當時提供一套理性價值及積極面對的治療管道，與心對話等方法來達到清明至善的境界。本文試以溫帶維說：「哲學諮商定的方法，扼要言之，重要的元素不外三項：一、確定當事人的難題；二、檢視當事人的難題；三、重新思考如何面對難題」。〔註31〕等方向來分析，將荀子〈非相〉的例證，說明人惑於傳說而產生各種不當的認知與行為，以此做為一個案，作全面性的哲學諮商，即以禮的諮商來的方法，探論禮學輔導的可行性。

一、審視「命運之說」的問題

人天生的命運是否與生俱來？而宿命必然帶來人的結果的形成？這一切

〔註30〕楊寬認為：「戰國中期以後，各國有權勢的大臣每多養士為食客。」參見氏著：《戰國史》（上海：上海人民出版社，1981 年），頁 403。
〔註31〕溫帶維：《正視困擾——哲學輔導的實踐》（香港：三聯書局，2010 年 5 月），頁 17。

見人見智，還是必然的過程？對於「命」一說，儒者認為人必須去掌握根源，去觀察它，這時所看到的是哲學的現象，這種現象如溫帶維說：「也就是在你外部發生的事件，獨立存在於你的信仰對外的事實以及對於這些東西的感覺或渴求。」〔註32〕人們知一切關於天生、自然、人事的事，在知識領域裡人們總是辯論不休，對於傳說中的事，常常信後為真，特別是面相以定論命運，是一種空穴來風的認知，人們對傳說之是不能真正認識，而且人們對於那心與相的問頭，一無覺知，也因而產生了各式各樣情緒，也因而有了命運，有的人生因此艱難，面對各種人生病狀，而滯泥於生命困局無法拔脫。荀子舉例人對相術的依靠，如云：

> 相人，古之人無有也，學者不道也。古者有姑布子卿，今之世，梁有唐舉，相人之形狀顏色，而知其吉凶妖祥，世俗稱之。古之人無有也，學者不道也。
>
> 故相形不如論心，論心不如擇術；形不勝心，心不勝術；術正而心順之，則形相雖惡而心術善，無害為君子也。形相雖善而心術惡，無害為小人也。君子之謂吉，小人之謂凶。故長短、小大、善惡形相非吉凶也。古之人無有也，學者不道也。（〈非相〉，頁159）

世人在傳述人物的長相問題，然到到底品鑒論人之術，到底從何而來？古人沒有，學者也不曾說，那麼相貌與心是否有必然的關係？君子小人是從長相來論斷？這些答案都是否定的！荀子是個重理性的人，又是以儒者自持的涵養，如何讓長相來決定一個人吉凶善惡？這種世俗的錯誤見解，荀子特此提出，並希望能糾正於世人。

荀子重視人的身心和諧關係，肯定人心的努力，對於一切不能理解的特殊現象不會妄加解釋，認為天或命之說，只是一個自然，天與萬物都有其因循的軌跡，無須揣測其背後義涵，故「形不勝心，心不勝術」。只需觀察出天與萬物所運行的規律，以心之善來應用於人事現象，則外在現象無法改變我的心是否為善為惡，故善惡形相，不是吉凶的原則。

荀子對於情緒的觀察十分透澈，人民所面對的問題，顯然不只是人的病疾而已，而是禮的喪失所導致，引發他內在憂國憂民的悲感，這是個「大哉

〔註32〕溫帶維：《正視困擾——哲學輔導的實踐》（香港：三聯書局，2010年5月），頁56。

問」〔註33〕！這個問題同時是，文化、國家、個人的深沈憂患，任何醫生也無法療癒這問題，必須經由哲學的眼光來看待它。

他觀察自然萬物運行的軌跡，訂定出來的治人治事規範，並且以此調節人與萬物之間，保持和諧共處的相對關係，則萬物有限度的被人類使用，滿足人類生理需求的欲望，可免於物質有限，欲望無窮的困境，百姓能安居樂業，國家政務得以推展。「義」對上既能安定國君之需，對下又能調節百姓之求，則不論是個人與萬物之間，君主與百姓之間，都可以透過義來調節、滿足，即是因為義是禮文制定的內在精神。

二、檢視古人的經驗

在這裡應該要評估並解決問題的數種選擇。溫帶維說：「一個理想的解決方法，應該可以處理外在問題及內在因為問題而引發的情緒的議題，但是往往最理想的解決對策未必是可以實行的。」〔註34〕荀子嘗試以古人的記載，說明聖王的長相，來說明外在的相，並無法決定人事一切。如云：

> 蓋帝堯長，帝舜短；文王長，周公短；仲尼長，子弓短。昔者衛靈公有臣曰公孫呂，身長七尺，面長三尺，焉廣三寸，鼻目耳具，而名動天下。楚之孫叔敖，期思之鄙人也，突禿長左，軒較之下，而以楚霸。葉公子高，微小短瘠，行若將不勝其衣然。白公之亂也，令尹子西，司馬子期，皆死焉，葉公子高入據楚，誅白公，定楚國，如反手爾，仁義功名善於後世。故事不揣長，不揳大，不權輕重，亦將志乎爾。長短、大小、美惡形相，豈論也哉！
>
> 且徐偃王之狀，目可瞻焉。仲尼之狀，面如蒙倛。周公之狀，身如斷菑。皋陶之狀，色如削瓜。閎夭之狀，面無見膚。傅說之狀，身如植鰭。伊尹之狀，面無須麋。禹跳湯偏。堯舜參牟子。從者將論志意，比類文學邪？直將差長短、辨美惡，而相欺傲邪！（〈非

〔註33〕林放問禮之本。子曰：「大哉問。禮，與其奢也，寧儉。喪，與其易也。寧戚。」《論語·八佾》，頁 62。孔子這裡直指禮的核心在於心的行為，即外在的禮儀都必須回歸於一點仁心，指出那仁心才是恢復禮的根本。顯荀子也看到了這個核心點，荀子的時代必須要用各種方法來表達出來，故有「形不勝心，心不勝術」之說。

〔註34〕溫帶維：《正視困擾——哲學輔導的實踐》（香港：三聯書局，2010 年 5 月），頁 53。

相〉，頁 161〜162）

> 古者桀紂長巨姣美，天下之傑也。筋力越勁，百人之敵也，然而身
> 死國亡，為天下大僇，後世言惡，則必稽焉。是非容貌之患也，聞
> 見之不眾，論議之卑爾。今世俗之亂君，鄉曲之儇子，莫不美麗姚
> 冶，奇衣婦飾，血氣態度擬於女子；婦人莫不願得以為夫，處女莫
> 不願得以為士，棄其親家而欲奔之者，比肩並起；然而中君羞以為
> 臣，中父羞以為子，中兄羞以為弟，中人羞以為友；俄則束乎有司，
> 而戮乎大市，莫不呼天啼哭，苦傷其今，而後悔其始，是非容貌之
> 患也，聞見之不眾，論議之卑爾！然則，從者將孰可也！（〈非相〉，
> 頁 169）

觀歷史留有美名的聖王，其長相似乎都不美而且有異相，但這並不是關於正
理平治的修為，反有有些美麗姚冶著稱的人，卻是中看不中用之徒。看看那
些暴君都是身長高大儰者，尤其由於事物本有以類相聚的作用，氣性類同者
會相互招至，長相美好的，人人都想親近。在荀子來看，人之成為小人或禽
獸，是由於不是世義、不順禮法，今有人「苦傷其今，後悔其始」，不是因為
天生的容貌，在於其知慮和辨知，並在此基礎上作出決斷，在諸多可以性中
權衡與取捨。故云：「所賤於桀跖小人者，從其性，順其情，安恣孳，以出乎
貪利爭奪。」（〈性惡〉），「桀紂長巨姣美」但終成就為小人亂君，這是因為貪
利爭奪之病。

　　然而一個真正的君子不會在意自己的外相，只是想操持誠一之學者，則
會因志意專一，為人民不斷努力，故得道多助而愈做愈輕鬆容易，而他自己
也就能克遂獨行而不離，則有能形能化的神妙功效，成就了君子的性情心氣，
以及各種待人接物之事，使萬物漸臻於善境，如此一來長相與道業毫無關係。

三、重新面對自我的人生

　　在這個階段，要內在深沈省察，能得到比較透徹的觀點，然後將你面對
的整個狀沿仔細地思考。溫帶維說：「面對問題，你對這個問題的情緒的反
應以及經過分析的選擇。在這個時候，你就可以完整的角度來考慮哲學的見
解、體系以及處理你面對情況的方法」〔註35〕。古人迷信相術，認為人的面

〔註35〕溫帶維：《正視困擾——哲學輔導的實踐》（香港：三聯書局，2010 年 5 月），
　　　　頁 54。

相等自然形體與人的善惡吉凶等社會屬性有必然的聯繫，通過相人的形狀顏色，就可以看出一個人的命運，廖名春說：「荀子天人之分的理論出發，寫了〈非相〉一文，對這種流布很廣的迷信進行了批判。」〔註36〕荀子並舉例代聖人人物之實例，說明人的後天的生成形相，並不能決定人的吉凶禍福與善貴賤。故云：

> 相形不如論心，論心不如擇術；形不勝心，心不勝術；術正而心順
> 之，則形相雖惡而心術善，無害為君子也。形相雖善而心術惡，無
> 害為小人也。君子之謂吉，小人之謂凶。故長短小大，善惡形相，
> 非吉凶也。古之人無有也，學者不道也。（〈非相〉，頁159）

善惡的社會屬性是人的品格操守的問題，不是由天生來決定，更不是由美醜來論判，「形不勝心」乃言相貌不能決人的思想，只要心術善，相形雖惡，也不能妨礙人的成善，成為君子；相貌好，如果心術惡，也不會影響人的變惡，就成為小人，所以成為君子小人是人自己決定，不是天生，也非關美醜，故廖名春又說：「天人之分的理論，人的道德品質、社會地和命運，把人的生理徵體區分開來，從而得出《非相》的結論，這在人類認識史上是一個相當大的貢獻。」〔註37〕這也可以說中國哲學的觀點上，儒者所認為覺醒之偉大。這不是因為天生而來，而是對於人生痛苦的承擔程度，那是一種經過磨練才能擁有的力量以，大禹、商湯不是天生的聖王，他們在位是也是天災持續發生，然而他們知道接受命運，並改變現況，如云：

> 故禹十年水，湯七年旱，而天下無菜色者。十年之後，年穀復孰，
> 而陳積有餘。（〈富國〉，頁459）

荀子以禹湯之時，天下有潦旱之災，人民臉無菜色，但聖王仍得要積極恢復經濟，使得國家人民積糧充實，這都是積極面對問題、處理問題的方法。田立克說：「人被要求使自己成為應該成為的樣子，實現自己的命運，自我肯定的人在每一項道德行為中促成自身命運的實踐，實現他潛在的可能。」〔註38〕這也是禹湯在位而天下無菜色時，他潛在的認為必須幫助人民過關，而且他能完成理想，這個理可以通過禮來得到治理。只有不知道禮治，又不肯盡倫

〔註36〕廖名春：《荀子新探》（台北：文津出版社，1994年2月），頁191。
〔註37〕廖名春：《荀子新探》（台北：文津出版社，1994年2月），頁192。
〔註38〕摘引歐文·亞隆：《存在心理治療》下冊（台北：張老師文化，2011年3月），
頁390。

盡分的人，才會惹來不祥，如云：

> 人有三不祥：幼而不肯事長，賤而不肯事貴，不肖而不肯事賢，是
> 人之三不祥也。人有三必窮：為上則不能愛下，為下則好非其上，
> 是人之一必窮也；鄉則不若，偝則謾之，是人之二必窮也；知行淺
> 薄，曲直有以相縣矣，然而仁人不能推，知士不能明，是人之三必
> 窮也。人有此三數行者，以為上則必危，為下則必滅。（〈非相〉，頁
> 169～170）

人生的三不祥，是在人倫的份上沒有做好，不祥將導致必窮困矣。這裡的窮，
就是一種負向的存在，就會產生成為生命的病情。人不知內外表裡，不辨上
下、今昔、曲直……等等，這樣的現象將會導致重病。故面對問題以處理問
題是一種根本（essential）階段，當人達到這一階段，就已經瞭解了自己清況
的本質，而且一切相關的情況的掌握，也都能得心順手，以致於自己已有能
力解決自己的問題。「在諮商過問題，表達出你的情緒，分析你可以有的選擇，
以及思考哲學的立場之後，你會達到平衡的境界。你瞭解自己問題的本質，
同時也做好採取適切且正當的行動的準備。」〔註 39〕荀子一方面是強調君子
有此天德之心，另一方面，要能操而得之，就是必須要做操存的生命修養功
夫。

　　當人命偶然的遭遇，並非天生如此，人感受際遇之呼召，且對此命令有
所回應，並知此回應即吾人所當善之義，這樣一種「呼召—回應」〔註 40〕的
關係來面對所謂的「命運」。羅洛・梅說：「我們傾向於相個只要願意，自己可
以隨時隨地改變事物，沒有任何特質或是存在是不變的、或受命定的。」〔註
41〕沒有本質或天命的說法，正是荀子理念的特點。他把人物與之間，接連了
一條「道」，道總是那樣密不可分，是一個深層的、廣大的、牽一髮而動全身
的整體關照，所有的問題都能從裡面找到答案，答案早就存在，人必須去把
他解讀出來。荀子療癒觀就是理性意識觀，這個觀念要求不算太高，因為合

〔註39〕馬瑞諾夫：《柏拉圖靈丹——日常問題的哲學指南》（台北：方智出版社，2009
　　　　年 2 月），頁 54～55。

〔註40〕引用唐君毅對天命的觀念，其說雖是「義命合一」立論之說明，然將其觀念
　　　　一轉，用於荀子此節之論亦可適用。參見，唐君毅：《中國哲學原論・原道篇》
　　　　卷一（台北：臺灣學生書局，2004 年 10 月），頁 118～119。

〔註41〕羅洛・梅著，龔卓軍譯：《自由與命運》（台北：立緒出版社，2010 年），頁
　　　　134。

於理性之禮，就是人生的實踐，只要開發此天德，就可獲得療癒的效應。荀子雖少論超越實體的客觀存在，但對生命療癒的問題，「天地生君子，君子理天地」（〈王制〉）兩者有著更深遠的詮釋，認知天之所以為天，及其與人之間的意義，是兩立而相互支持的。

荀子諮商輔導視域，可說明禮是儒家所最為關注的主題之一，荀子以禮義開出以生命價值為核心的療癒觀，也就是在歷史的脈絡下，每一個人對於負向生命，都可以禮為來回應各種現象，並做出最好的對治方式。人要能自己思考，利用現實性及推演分析的技巧，發揮自己的見解，嘗試作理學的思維，在每個當下的情境，可跟心進行對話，人自己會妥善協助自己，並處理自己路上的障礙，最終達到平衡，是一種最自然的和諧狀態，是理性自主的狀態，也是荀子以人制天的方式。然而孔孟荀等儒家的儒學治療學，雖然路徑不一定相同，但同樣提出一套未病的、實踐的、整體的療癒思想，是一套包含古今人物範疇的生命療癒系統，正是儒者想要提供對治生命病情的方式，這是儒家的用心，也是其使命所在。

第四節　荀子對天災人禍現象的諮商輔導

荀子謂「天」是做為客觀的存在，人可以自主地決定現象一切之意義，人的生命價值不在天的喜怒或權威下才得存在，這種存在的人文主義宣言。其補足告子「生之謂性」的自然天之粗糙之說，也不認同於墨子思相中充滿神秘之天志尚同的人格天之說，不滿於孟子「盡心知性知天」的道德天模式，也不滿於老莊「敝於天而不知人」的自然之形上天，他認為這些現象是否造成了人們對天道「存有的遺忘」〔註42〕？因此，荀子透視這個現象，看到了人民的茫然與艱難，他有必要建立一套屬於儒家式人文精神的禮教，做為宗教面向的關懷，引導出不做迷信的人生關懷，以下就荀子對天災、地變、人禍等觀點的輔導做論述：

〔註42〕海德格認為西方哲學發展，將人的問題，以其所預設的世界觀、價值觀等看法而解釋，並藉由這些解釋，人主宰世界並成為萬物的中心。這些都是離開「存有」而來界定人的方式，就是一種對「存有的遺忘」。故他最主要的任務，就是帶領人們從「存有遺忘」的情境中，回歸存有。然而這樣的精神，也如同荀子從解蔽中所獲得認知精神。參閱，海德格：《存在與時間》（北京：三聯書店，2012年6月），頁10～14。

一、對諸子的天道觀反駁

天道觀念源於原始社會，人們對自然界認識不足，總認為有一種超人的力量在支配著自然界，支配著人類，這力量便是天。天是至高無上的神。商周時迷信，凡事占卜，就是天道觀的反映，出現了統治者和被統治者，產生了國王。反映在人們的意識上。便是在天道觀的基礎上產生了「上帝」的觀念。君王是天之子，是受命於天，可以替天行道，故假借天神的意志，賦予君王無上的權利，以行使統治權。人民必須老老實實地接受統治，這是商周以天道觀的統治思想。這天賦神權的說法，乃由外而內、從上到下的觀念，與荀子所主張「禮義之統」，藉由修身以達君子而聖王正好相反，故為荀子所反對。

到了墨子，反對天命之說，但卻主張有「天志」，如云：「順天意者，兼相愛，交相利，必得賞，反天意者，別相惡，交相賊,必得罰。」（〈天志・上〉）認為天有意志、有感情，是操人類禍福權力的主宰，而天也是人類的榜樣，所以人類的行為必須合乎天意滿若違天意而行將受天處罰。墨子依鬼神之說以立論，如云：「故古聖王治天下也，故必先鬼神而後人者此也」、「鬼神之賞，無小必賞之；鬼神之罰，無大必罰之」（〈明鬼・下〉）認為有鬼神的存在，並操有賞善罰惡之權。其動機是以鬼神觀念拯救亂世。以鬼神的威力向王公諸侯們呼籲，希望他們能攝於這種賞賢罰惡的天威，而順服於天，開始推行有利於民生的作為。這種以天具人格意志而能賞罰於人，這種神秘色彩的天，亦屬於「營於巫祝，信禨祥」之類，這些都是荀子的駁斥的原因。

老子明確否認有最高主宰的「天」，認為世界的本原是道，如云：「天下萬物生於有、有生於無」（〈四十章〉）〔註43〕，老子以道和無有的概念含義對世界本原的思考，提高到主觀之形上意境，然而這種虛妄無根之談，無法取信於人，這正所荀子所反對，認為：「有見於詘，無見於信」（〈天論〉），這是大違人們信實的精神，故對其有所批判。莊子從天之自然出發，認為人不相勝於天，知天的所為是出於自然，知人的所為是出於自己的智力，只有真人才能真正了解天與人不互相對立。莊子看來，儒者是以人助天或以人滅天，是為減損天道自然的特質，只有拋棄人為順應自然，才能與天為一。荀子認為這只是「蔽於天，不知人」（〈解蔽〉）的論調，荀子乃重視客觀性、實用性

〔註43〕《帛書・老子》則作：「天下萬物生於有、生於無」。

之文飾，正如孔子的精神，是對人充滿了無盡的關懷。

又孟子言道德之天，認為道義自在於人心，故有「仁義內在」之說，以性為天之所賦，人性即是天性，彼此相契而貫通，所以孟子言性善，將人心提升到道德形上的根源。又提出「盡心知性知天」等的說法，其言「天」之時，將天視為人性的本然理序，以人心的自覺，肯定性為萬理之源而已，此源可以知天，故認為天人是合一的。這與荀子「不求知天」、「明於天人之分」的思想不同，其不從道德形上的層次去解釋天，卻重視天行的法則，天地自然的現象是天的職分，天道照一定的法則不斷演進，故「天有其時，地有其財，人有其治」因而發事「官天地、役萬物」的客觀思想，故孟子之說不得不為荀子所批判。〔註44〕

蔡錦昌則提出：「在德國的荀子研究有兩種相反的典型。一種是柯斯妥主張有所謂『中國式宇宙一體論』世界觀的解法；另一種是羅哲海主張無所謂『中國式宇宙一體論』世界觀的解法。雖然兩者都認為中國人和西方人在作為人的思考邏輯上是相通的，因此都認為中西哲學可以比論，但是前者認為荀子的「止一」思想是古代中國神秘思想的代表之一，可補治現代西方人科技生活所帶來毛病，須要西方漢學家仔細透過追究字義的做法來模擬了解，而後者則認為荀子的「天人兩分」思想是中國古代戡天役物思想的代表，不但可讓西方人解除所謂「中國式宇宙一體論」的迷思，而且有助於對治現今中國人破壞環境的行徑，須要加以揭發。」〔註45〕作者提出有關荀子思想兩種粗細的比較，亦可作為荀子天道觀的另一類詮釋，但仍認為兩種「一」都是西方式的「一」，都不適合作為解明荀子想法的立場，只有將中國的「道」全面的認識，才能體會「一」的整體說明。

荀子要將所有的生命思想歸之於一，這一之道就是禮，故他認為諸子之說，都是對「禮」的遺忘。一如海德格所要指明：「人要的不是長久的但卻無變化的時間流逝，而是每一時刻都能作為一新的起點，發展出新的自我存有

〔註44〕鮑國順認為：「有人認為荀子與孟子一樣是主心善的，這當然是極不正確的判斷，因為孟荀論心的主要差異，便在一個是把握住心的道德性的一面，一個則把握住心的認識性的一面，他們整個思想系統，也是因此而有極明顯的差異。」參見氏著：《荀子學說析論》（台北：華正書局，1993年10月），頁149。

〔註45〕參見，蔡錦昌：〈細柔的「一」與粗硬的「一」——評兩種德國的荀子研究〉「荀子研究的回顧與開創國際研討會」（雲林：雲林科技大學——漢學所，2006.2.18），摘要。

狀態。」〔註46〕生活在平均狀態下而不探問自己的存有意義，不去開發存有的最大可能，這就是海德格所批評的『遺忘』（oblivion）狀態，這種狀態下，使得自己只能在閒談、模稜兩可、好奇中遺忘自己的本真狀態。荀子所觀察到的，在現實之中充滿著人類不斷對生活的適應與回應，為了生存人不斷地進化自己，以求面對天、命等外在困局的挑戰，只有找到人的真實意義，才能回歸人文的理性。

二、破除對天災現象的迷信

戰國時期社會凡人的想法與諸學者所認知的高度有著很大的差距，社會上普遍仍有迷信的心態。當他放眼所見都是人為的禁忌和繁瑣的避邪之術，作為人文精神的思想家，荀子對於祈神問鬼、避禍、致福等禨祥和習俗，進行了深入省察與批判。如《史記》謂：

> 荀卿嫉濁世之政，亡國亂君相屬，不遂大道，而營於巫祝，信禨祥，鄙儒小拘，如莊周等，又滑稽亂俗，於是推儒墨道德之行事興壞序列，著數萬言而卒。〔註47〕

就此可見當時存在的問題是：濁世、亂君、鄙拘、俗亂、邪道、營巫祝、信禨祥……等，儒墨道德等諸子之行事，不但是已然遺忘人自我獨立的意志，也可能造成人心與世局的崩毀。故荀子對自然興怪、天具人格等說法，也要有所回應，他要為人生取得合理之生活方式、為社會確立秩序之和諧發展，由此也打開了儒學的另一面向。

荀子作為一位洞燭人生的思想家，對於世間迷信之說，大力地批判，從而能指出智慧的方向。以自然的觀察角度來看，「天」不再是讓人驚恐不安，他發出信心喊話，在某一定程度上破除了人對於「天」的迷信，在對人事的運作上，荀子要人們發揮人主體能動性，如云：

> 星隊木鳴，國人皆恐。曰：是何也？曰：無何也。是天地之變，陰陽之化，物之罕至者也。怪之，可也；而畏之，非也。夫日月之有食，風雨之不時，怪星之黨見，是無世而不常有之。上明而政平，則是雖並世起，無傷也；上闇而政險，則是雖無一至者，無益也。

〔註46〕海德格（Martin Heidegger）著，陳嘉映、黃慶節合譯：《存在與時間》（北京：三聯書店，2012年6月），頁308。

〔註47〕司馬遷：〈孟子荀卿列傳〉《史記》（北京：中華書局，1959年），頁2348。

> 夫星之隊，木之鳴，是天地之變，陰陽之化，物之罕至者也；怪之
> 可也；而畏之非也。（〈天論〉，頁 678）

荀子解釋說，一些怪異天象，乃天的自然變化，是一種機械性的作用；然而
人的文明開創完全掌握在自由意志，這是冷靜的客觀的科學素養，不再有神
學的迷信色彩。因此當他以禮義之事的運作，就是人類理性的理解，並非有
什麼特殊能力、或純然至善的人性，作為主動的要求所作出。蔡仁厚認為：
「這些事情一方面是自古相傳的禮俗，一方面亦是人文世界中可被允許的活
動，所以荀子並不反對。……荀子以『非以為得求，以文之也。』一語，融通
實然世界與應然世界之對立，他所表現的，正是理知的人文主義精神。」〔註
48〕一切都是人類自我理性的覺醒，禮禮的生命樣式或矩度，那不是從天而來，
是師法的教育，這也是「禮有三本」的基本態度。

又如殷商時期，每當有國家大事，無不是求諸於龜卜，認為天的指示，
可以趨吉避凶。到周朝時期，乃用蓍草以筮代卜，同樣地祈天求天可以預知
吉凶休咎，為自己的國家帶國福運禎祥。雖然《尚書》記載，遇事必先訴諸於
公議及國士與國人，人事不能決而後筮之，但人在沒有自信之時，往往求諸
於天，故卜筮之求往往猶有過之。到了儒者註《易》，以聖人樂天知命故無憂，
以為占卜之道有免過而知義，唯上有好者，下必甚焉，卜筮已成為民間的風
尚，甚而影響到人們的生活作息。古代各種迷信，都是人的內心惶恐不安的
表示，藉著卜筮然後決定大事，這可以表示古人的敬畏之情，但也是其為了
撫慰民心的一種做法，乃是政治的文飾行為，於民生並不相關

荀子認為「善為易者不占」（〈大略〉），一個君子能瞭解陰陽變化即可以
掌握人事，不必從占卜中得知。因為占乃為象，象只是自然的作用，只有當
人的心中與外在的象有所符應時，象才有可能影響到人，一個人心中若存在
有理，而行之於外，則外在的象也是自然發生，與自己並沒有關係，故云：

> 雩而雨，何也？曰：無佗也，猶不雩而雨也。日月食而救之，天旱
> 而雩，卜筮然後決大事，非以為得求也，以文之也。故君子以為文，
> 而百姓以為神。以為文則吉，以為神則凶也。（〈天論〉，頁 687～688）

對於天地的變化，如日月食、天旱等影響，人間的卜筮行為這是為了順應民
情，並以安撫人心之用，若人每一天求神卜筮，對於人心而終無助益。故荀
子對卜筮之說沒有肯定的態度，若將天敬若神明，則反而凶多吉少。

〔註48〕蔡仁厚：《孔孟荀哲學》（台北：臺灣學生書局，1999 年 9 月），頁 385。

祭天求雨的儀式發揮效果，那也只是天剛好下起雨來。同樣地，人們要救日蝕、卜筮等等行為都只是禮儀的人文裝飾，並非真正有神明力量在執行。故祈天活動是人事禮儀，有教化民情的意義，但實際還沒有一個人格意志的神，而人必須求之得到允許。因此這些自然的怪亂之象發生，人類並沒有必須要求改變的方式，荀子以「絕地天通」的精神，說明天不以意志性或存有者的身分與人類密切互動。他巧妙地化除其中的神學性，最終把天人交通的神事定格為人事，搬去了天人分別的最後一道障礙。

荀子以對同樣一個天，人們從多種剛度來考察人類經驗，會發現從單向來看，經驗所呈現的是機械性的自然律則；但如果從另一個方向來看，它顯示出來的可能就有不同的意義。正如弗蘭克所提出「向度性存在論的法則」（The laws of dimensional ontology）〔註49〕，正可提供存在的天道，理解出不同的本質與存在：

向度性存在論的第一法則。弗蘭克云：「同樣一個圓柱體被投攝於A牆的向度時，呈現出來的是長方形輪廓；然而燈光若從上方照射，使其投顯於B牆的方向，則所呈現的卻是圓形輪廓。兩種影像都不能代表圓柱體在現實世界中的完整意義，但均提供了觀察的角度，雖然互相對位，卻都是正確的。」〔註50〕所以對於天的理解，諸子所提到的都是一個面向的認識，正將投影置放在歷史環境中，諸子都只是根據其方位所得的現象觀察，但均無法理解到事實的全貌，現實必須根據個人自己的生命意義去推論而得。荀子不滿於前人對天道的說法，他從歷史存在與生命意義重新詮釋，他正要要推論出一種符驗人生的天道觀。

向度性存在論的第二法則。弗蘭克說：「當有圓柱體、圓錐體及球體各一個，假使燈光從上方照射時，則投映於地板上的三個暗影，其輪廓都是相同的，然而，它們卻仍是真實的不同物體。」〔註51〕對於天的觀察，是譏祥是巫助；是人格意志；是心性道德；是主觀境界等，這些說法都對人產生影響，但這天道的觀察行為並不曾改變事實，每一個起因在其自身領域都真實的。

〔註49〕弗蘭克著，游恆山譯：《生命的主題——如何從意義分析中獲得自我實現》（台北：遠流出版社，1999年5月），頁62。
〔註50〕弗蘭克：《生命的主題——如何從意義分析中獲得自我實現》（台北：遠流出版社，1999年5月），頁64。
〔註51〕弗蘭克：《生命的主題——如何從意義分析中獲得自我實現》（台北：遠流出版社，1999年5月），頁65。

　　依此第二法則的觀點，荀子觀察到人們對於天運行著的日月、星辰等有自然直觀的印象，正可利用這種表像來闡述天的質性。荀子認為「天」，有自然現象常態、有變態，常態多見、變態少見，當人少見就會覺得奇怪。當人們以對這種變態的自然現感到奇怪，則是少見的現象所引起，因此疑神疑鬼就沒有必要，一切並無關乎人世治亂之徵兆，是為人的作為成果，不是天之所為。天道對於堯舜桀紂等國君的施為都是一樣的，但不同的國君作為則將導致人民不同的命運。所以治亂勿求於天，而要反省於人，一切不當的現象，不應怪天而責之於人。可知荀子並沒有特別否定前人論天的想法，他只是提出天回歸於天，人應回歸人的本位，天與人不必刻意地突出關係性連結。

　　荀子獨特的思想理論，其順孔子客觀生命禮憲而立說，致力於儒學客觀精神，無不是歷史的存在為主。林宏星認為：「當荀子提出天人之分後，宇宙秩序與社會秩序、道德秩序之間，已經不再具有內在而神秘的貫通和聯繫，而人通對天地自然也不只是消極被動的適應，『財官萬物』、『制天命而用之』這些明快而爽朗的語言，雖沒有發展出西方式的理性主義和禁欲苦行，但在先秦乃至整個儒學發展史上，仍可稱得上是一亮麗的色彩。」〔註52〕而這正是荀子禮的特色所在。以又張才興認為：「荀子的天論，是以儒家思想為根據，結合道家自然天道觀思想。使得墨子的天志思想與莊子的天道思想，及荀子的天論，并立為當時學術三種天道觀。」〔註53〕故荀子承歷史諸家之精華，不但傳承儒家原有的樣態，而且又能符合人民的需求，考察學術的發展，建構出特有的天道觀理論，是為「天道性命觀」之建構。如此荀子的禮為聖人所制，聖人來自於歷史，可對天認知也是來自於歷史，聖人本於禮可以制天，也讓人類社會因聖人的道而運行不輟。

　　荀子以「非以為得求也，以文之也」一語，融通人文自然與歷史之對立，肯定了祭神、占卜等文飾政事的價值，這正如同弗蘭克「向度性存在論」的二種法則闡述，所表現出來的，正是屬於理性的、禮的生命精神。

三、人禍造成各種過失

　　掌握了天人之分，人可以制天，則人成了主要的關鍵。荀子認為世間最

〔註52〕林宏星：《合理性之尋求：荀子思想研究論集》（台北：臺大出版中心，2013年7月），頁116。

〔註53〕張才興：〈『荀子』天論篇について—天道思想と礼治主義への一考察〉《九州大学中國哲学論集》，第13号，1987年8月，頁14。

可怕的是「人祅」的亂世，當統治的人「政令不明、舉措不時、本事不理」就可能造成的各種災禍。如云：

> 物之已至者，人祅則可畏也。楛耕傷稼，耘耨失薉，政險失民；田薉稼惡，糴貴民飢，道路有死人，夫是之謂人祅；政令不明，舉錯不時，本事不理：夫是之謂人祅；勉力不時，則牛馬相生，六畜作祅，禮義不脩，內外無別，男女淫亂，則父子相疑，上下乖離，寇難並至，夫是之謂人祅。祅是生於亂，三者錯，無安國。其說甚爾，其菑甚慘。可怪也而不可畏也。傳曰：萬物之怪書不說，無用之辯，不急之察，棄而不治。（〈天論〉，頁 687）

人世間的吉凶治亂是由人類的行為所造成的，與天並無因果關係。對於上天所要了解的，不過是它所顯現的天象，即測定氣候變化的天文，人可以此現象來掌握大自然。天地自然的變化都按自己如此的規律運行，不是受人間的干擾，故「天有常道矣，地有常數矣，君子有常體矣」。自古以來的君主，常以君權天授為本位主義，以證明自己權力的合理性，荀子則明確地說：「不為堯存，不為桀亡」，不管王道霸道主政，興亂的原因不是在天，而是在人。如云：

> 大天而思之，孰與物畜而制之？從天而頌之，孰與制天命而用之？望時而待之，孰與應時而使之？因物而多之，孰與騁能而化之？思物而物之，孰與理物而勿失之也？願於物之所以生，孰與有物之所以成？故錯人而思天，則失萬物之情。（〈天論〉，頁 694）

從「大天而思之，孰與物畜而制之。」的觀點推論，許多大陸學者往往從這裡推導出荀子的「人定勝天」思想，並進而引申出，人力可以勝天的思想上反映，是「唯物主義」的精神展現。然荀子的意思並非不是要人們征服自然，去實現人定勝天的力量，而是要人們參天制天，人要去認識並掌握天，讓天可以為人所運用，這個態度是積極的、是正向的，在天之下仍可以有意志的決擇，而且能有所作為，這就是荀子的禮理之道。

　　天地之間沒有什麼神祕不可測之內容，天也不擁有治理人間的權力，消極地對之仰慕、等待，不如積極地掌握、利用，人做為自然界之主人，而人也要在社會自立自主，不可讓人欲無制地橫流，造成社會的動盪不安，荀子這一人文主義式的理性思想，乃成為先秦是超越時代的論見。

第五節　荀子養生療癒及諮商輔導對生命教育的啟示

　　生命的教育是指身心靈俱足存在的生命，人的生命會隨著歲月的增長、學習以及時空變化而逐漸進入成熟，人格特質、情緒、自覺、經驗……等，都將成為人的編年史跡。人的生存本能之一是依附的生命全期現象，在人生旅程中，也因為依附便會經歷各種的得失，而這樣的關係，都將成為個體內在核心價值系統的關鍵影響因素。當得意時，人可能能自動地發展出不斷升進的力量；當失意時，人可能進入衰敗的現象，此時人與人的關係相對重要，人需被支持與關懷，支持性的輔導是自助助人的策略，故生命的過程，人與人的互動成為生命成長的一種資源，善於利用這項資源，生命中身心靈的發展也會得到美善。

　　自古以來，人類從未停止對生命的認識與探知。探索的同時，人們逐漸學會了用科學實證的方法，來揭示生命的本質及其過程，累積這樣的經驗，由此產生了生命科學。到了現代「20 世紀，生命科學取得了巨大的發展，其間有兩件最為激動人心的最具深遠影的大事：一是 1953 年 J. Watson 和 F. Crick 發現了 DNA 雙螺旋結構；二是 1973 年 S. Cohen 和 P. Berg 建立了重組 DNA 技術。前者，握生命科學進入了分子水準的研究階段；後者，使得科據人類的意願改造物種性別狀態成為可能。從從，生命科學開始了一個全新的時代。」〔註 54〕目前關於生命起源的理論讀為：「生命起源可以追溯到與生命有關的元素及化學分子的起源，因而生物起源的過程應乃要從宇宙形成之初，通過所謂「大爆炸」，產了碳、氫、氧、氮、硫和磷等，構成生命的主要元素說起」。〔註 55〕然而個體從出生到死亡，一切生命需要的表現，都是生命教育中關懷的內容。

　　楊儒賓在《儒家身體觀》一書中，針對傳統儒家文獻，提出「二源三派」〔註 56〕之說：二源，指的是「威儀觀」與「血氣觀」；三派指的是孟子的「踐形觀」、荀子的「禮義觀」、以及散見諸種典籍的自然「氣化觀」。這些說法，對於生命科學的角度來觀，的確古人都已經注意人與道的相應交感問題，然而儒者則有不一樣的實踐方法，讓人有著更深刻的省覺。從本章荀子的生命教育的觀念中，可以歸納出荀子對身心禮交涉之理論啟示：

〔註 54〕宋思揚：《生命科學導論》（北京：高等教育出版社，2004 年 9 月），頁 1～3。
〔註 55〕劉易齋：《生命教育》（台北：國立空中大學出版社，2011 年 1 月），頁 200。
〔註 56〕楊儒賓：《儒家身體觀》（台北：中央研究院中國文哲所，1996 年 12 月），頁 27。

一、禮做為生養的元素

人的生命存在過程中，不斷的與周圍的人事物交往互動，並擷取或製造所需要的各種生活資源，以維繫人生命的順暢，度完人自然生命的歷程。在這過程，不可能順順利利，而是充滿了變數，致使人必須去面對各種問題，以及經歷各種好壞的遭遇，此時生命的發展必須找到出路，必須拆解窒礙、化除折難，這隨時考驗著人生智慧，只有以生命的衝力堅持奮進，才能衝破障阻，安然過關。

面對人類生命生養過程的常變、順逆、禍福、壽夭等人生的情狀，自古以來哲人也不斷去思索、解析以求得解決人生的問題。生命觀點都不斷改變了許多人對待生命的態度，在今日人工智能產業發達興盛，也改變了人類的生活方式，這種人類生命認知、價值與意義的重大變革，也讓人重新了解，並有著對待生命的信念與生活的價值。

由於對生命觀點的體察不同，就由不同的詮釋或教育方式，如何從教育上教導大家正視現代人類對生命的認知觀點，進而重塑人的生命觀，這就是生命教育的所關注的意涵，這也是生命教育的核心部分，即道德與倫理的教育，鈕則誠認為：「前者偏重於教育實踐，而後者則在教育實踐之外，更強化倫理學或道德哲學的探討。」〔註 57〕就荀子的生命過程，也正是荀子道德倫理的建構過程，儒家的範疇而言，葉海煙提出儒家的倫理有四個向度：「一、道德主體與實踐理性互通的場域。二、價值思維與人文精神相洽的世界。三、開放心態與公共生活交參的社會。四、存在體驗與超越取條符應的人格。」〔註 58〕在這四個向度中，本章乃以荀子生命過程的考察及其所建立的思想觀點，展開荀子在生命過程方面的教育理論。

荀子洞視到時代的亂象，乃「蔽於一曲，而暗於大理」，認為這些人的學說都是違背禮義之統的精神，認為百家異說，雖誠心求是，而反入於非，有必要加以一一箴砭。海德格所謂：「存有的真理──解蔽（aletheia）」〔註 59〕，解釋存有者之創生意涵。而先秦儒家則以人性善的自覺為主體內涵，其所言

〔註 57〕鈕則誠：〈生命教育的哲學反思〉《哲學與文化》，第三十一卷第九期，2004 年9 月，頁 49。

〔註 58〕葉海煙：《中國哲學的倫理觀》（台北：五南圖書，2002 年 1 月），頁 189。

〔註 59〕海德格：《存在與時間》，頁 258。中國三教思想，則以人生智慧之仁、無、空，為其真理的存在，依其真理得以解蔽於萬事萬物。

仁心性善的背後，故「盡心知性知天」乃有一超越的天道為保證。故人性之善，由天保證之，天之善由人證之，這就是傳統的真理；然而儒家到了荀子，以虛壹而靜的工夫獲得真理的掌握，其觀察到人在自我情感欲望與社會象弄衝突之間，不斷在當中協調適，最後達到「本末終始莫不順比」（〈禮論〉），使現象都能和諧共融。以心的活動脈絡不斷進行價值的衡量確認，產生理的建立，並依此架構禮的範式，故在心一理一禮協調衡量的人生過程，聖人以禮義法度皆能因應歷史脈絡而有所調適，達到解蔽過後的真理考察。所以荀子以合理性實踐一步一腳印，「作之君、作之師」，以教導世人歸趨禮法之教，稟持禮義之道要解決世人的苦難，無一不是在示現與教化人間成為大同的世界。

中國傳統對於生命的探索，是從「道」的體性分析起，人符於道是生命自然的狀態，也是本然而且健康的狀態。如儒道兩家思想，從仁、性善、自然、純樸等……等觀念的建立，可以了解生命本質實存的原貌。然而在未知的過程，人一時的起心動念，就會讓人有了道德的異化，而產生病疾的狀態。然而天道是美善的，生命也是美善的，人只要按照美善的方法趨向道，各種病難也會一一化解。

傳統對「道」觀念雖然十分抽象，但在天人關係中則有所體現。「道」給予生命醫學觀念、理論嶼方法等方面，提供了強而有力的理論支援，儒道醫都認為人與大自然不分不離，進而天人與養生是一個整體思維。如《黃帝內經》中，如陰陽學說，藏象學說，氣化學說，都與道有着不可分割的聯繫，融合了《易》的陶鑄，以有機體來審視人體，研究人體功能和變化過程而非只在於肉體結構；傳統精神重視人體的生物時間，以生物時間來統攝生活空間，並一體觀、模型化的方式，成為簡易的法則，形成傳統生命科學觀。

從荀子的「道」則成「禮者養也」之觀點開出，養若從養生的觀點來看，荀子以治氣養生到治氣養心，乃是一體觀照，從源頭的照察，身心、理氣之間互為因果。荀子以「感官」作為人的生理機能而言，除提供有機體以接觸外在世界，人體感官也因為本能關係，而能反餽地影響主體的言行。又如人因其感官功能的不調，或因欲望之感官需求，將可能導致人的行為。但荀子卻不將感官視為障礙，也不需要消解感官的影響或完全去除。荀子除了認為可以適切地滿足感官欲求之外，還要令其功能發揮到最大的效應，這就是其強調身體與容止的表現，是判別君子與否的標準。荀子似強調「身體」外在

的重要性，其實是建構在另一種特別的「身心」的連續性關係上。〔註60〕

　　荀子認為君子掌握「義」之所源，道即義也，道則沒有泯與不泯的問題，因為道義乃是禮的內容，道乃生命永恆常則，此義也是普世價值，也是君子養生的要訣。就治氣養心、養身之間，以心理與生活層面來區分，心理影響到生理與生活，兩者透過氣的治理，故兩者時間上的前後關係，養心養身即治氣。只是就實踐的根源面來說，養心是較治氣為根本的，氣是生命存在的根本，氣屬於有形與無形，有形在於自然微小之基礎，無形人可制天的動力。亦即，轉化氣質習性與培養人性品格者雖一時並起，然而整體的實踐乃落在心、生、道之間涵養上，蓋人具有認識能力，透過習禮，人得以認識禮所蘊含的理性法則與意涵，進而培養理性意識，同時透過禮的持續的培養，生命得以避惡趨善，得到名實正道。

二、開創儒家氣化流行的思想

　　荀子以持守「禮」的客觀化行為，即是「道貫」，這種從外在建立的體制，也成為身心的「氣化」原則，從氣、化、行等角度來對於道進行做為一種重新的體認。荀子以大清明的「氣」是一種平衡的能量，足以用來面對人生負向的各種病症。「氣」的觀點是傳統的思維，先秦以來的思想認為，人體生命活動的動力，是維持宇宙萬物的生發、運行和變化的動力，這種動力就是一種「氣」的概念。如管子云：「有氣則生，無氣則死，生者以其氣」（〈樞言〉）的說法，氣推動著宇宙萬物發生、諧和以變化，這正是傳統醫學理論：「有形生於無形，有形化為無形」的氣的變化，乃是其時代的體現。〔註61〕在這些理論上，荀子有了多方面的繼承，如廖名春說：「荀子所說『勝物』、『假於物』、『理天地』……，也就是在這一點上劃清了人和其他動物的界限，突出了人作為自然界主人的自覺。」〔註62〕荀子相信人類應該肯定自己，發揮自我主觀能動作用，積極地以天之所賜去改造、增進生命的利益，並化解所有的生命負向感，所以其言「氣」就是維續生命中療癒的力量。

〔註60〕參考，林啟屏：〈荀子思想中的「身體觀」與「知行觀」〉「中華文化的傳承與拓新——經學的流行與應用國際學術研討會」，銘傳大學應用中國文學系，2009年3月，頁130。

〔註61〕參閱，孫廣仁、鄭洪新主編：《中醫基礎理論》（北京：中國中醫藥出版社，2014年6月），頁27。

〔註62〕廖名春，《荀子新探》（台北：文津出版社，1994年2月），頁197。

氣讓心有認知的能力，故當它「知道」，即能夠「知道之莫之若也，而不從道也，無之有也」（〈解蔽〉），依辨知能力而了解天下之障礙，都需要靠氣的調和，氣的調和乃是合道，而人氣之間無不從道而行，不從道是則「無之有也」。

　　荀子以「氣」作為理解宇宙人生的一種原素，以及由此衍化出的生命教育論述，並且在漢代的思想中得到深度地闡發，關於氣、宇宙、身以及國之間相連繫的論述，試圖呈現出以身體作為人民生活起點的思考活動中，到了漢代的儒者透過氣化的發展，推構了一個宇宙論述形式，在這樣的形式中，深刻地討論理禮如何經由氣與人乃至整個社會面向有了連繫的作用，儒者進而將人身的物質生命與精神生命在氣的觀念導引下，向至高的本體推進，在這個意義上，創造性地理解荀子的理（道體）與禮（道用）兩個面向兼重的思想特色，同時，深化了治身與治國兩個議題的結合，在某個意義上，荀子生命教育也進而開啟了漢代對於「本體」的理解。〔註63〕

　　隨著生命科學的實踐，以及經驗累素豐富，學者援用新創生的《易》變化之道而構建傳統醫學理論，建構出養生、保健、療癒等的理論。如漢代有多種預測疾病和災害的方法，東漢時鄭玄推出了象數易學，後又以干支的配合與醫學知識相結合，就形成了「五運六氣」學說，這對中醫學的發展有決定性，而且演變成為五志、五藏等，亢害承制等理論，這是中國生命科學理論構建的一大貢獻。宋代時又有學者推出如河圖、洛書、太極圖、無極圖以及以陰陽魚太極圖等數種，正與現代生命科學的ＤＮＡ雙螺旋的結構圖相符，後為中醫學者所認同，並發展出「物物一太極」的全息觀。明朝以來，李東垣以脾胃是人後天之本，後來的趙獻可、張介賓認定「命門」就是人身之太極，主宰一切，紛紛呈現中醫生命科學的演化進程。

　　生命科學在傳統中的影響，主要體現在醫學、養生學等哲理論述，本文從儒學的預防觀念探論起，其與《素問·六微旨大論》云：「與道合同，唯真人也。」〔註64〕說明其天人關係下的養生之道，人如何依著道，來從事工作與生活？古人以「比類取象」、「同氣相求」、「以象定數」等方法，從易經

〔註63〕參考林俊宏：〈氣、身體與政治——《老子河上公注》的政治思想分析〉《政治科學論叢》第十九期（2013年12月），頁1。

〔註64〕王冰註：〈素問〉《黃帝內經》（北京：中醫古籍出版社，2003年11月），頁145。

原理探論養生、治療之理論，發展出一套「醫易同源」〔註65〕的模型，然而荀子雖非醫學家，卻有一套養生哲理，其從身心現象著手，以客觀標準為依歸，他本於道的原理開展出不同的醫療觀。

療癒也要在未病之前就是察覺，而當惡疾出現在人的生命時，人的道也仍是存在的，只是義因惡而失去覺察的力量，病是讓人知道，此時此刻的義不明覺，所以想求病快點消失，殊不知惡也是生發義的力量，荀子一轉為以「禮」來顯義時，更可以知道化解病疾在我自己，只要能依禮而行，則人就會生出義，義出現了，病就漸泯消；義是真實、病則是虛存，就如同光能對治暗，義一出現則病能隱退，來提醒人們，生命道義的存在，這才覺悟性惡之病痛並不可怕，性惡是人性的趨向，瞭解對治它，符合人生的常禮，就不會影響人的生命，這是荀子養生、療癒觀點的建立。

荀子將生命的內涵以「氣」言之，正如傳統醫學所說：「人體的氣是感應傳遞恐息的載體，各種生命的氣息，都可以通過體內升降出入運行的氣來感應與傳達，從說建構了人體內各官能的密切協調關係。」〔註66〕氣所內蘊的生命包括好、惡、喜、怒、哀、樂之情、對於情的思慮及反省能力、對於情的反省、抉擇後的行動能力，以及藉由學習而培養出人「慮積」之志及人「能習」之情，在生命的實踐「偽」等，某些形式上都是屬於「氣」的運用。

荀子以「治氣」是對於生命中，血氣剛強、知慮漸深、勇膽猛戾、狹隘褊小等氣質習性的轉化與調節。從自然元氣然到進至人的必然之道，故於「養氣」之論是轉化、調節諸般氣質習性而培養出調和、易良、道順、廣大等人格，以達至生命的中和。

三、建構合理性的哲學諮商

生命並非一成不變的內體變化，而是不斷升進、演化、成長與發展，是身心靈三位一體的有機現象，是有意義存在的有機體，身是社會行為的實踐，主宰個體發展成就的基礎；心是認知、心智、手法、方法的選擇，主宰成功的關鍵；靈是信仰、希望、生命意義義、目標追尋的自由意志，主宰成功的方向；若要造就如此健康的生命，則源自本質、父母及家庭、與後天的教育，所

〔註65〕參考，李山玉、李健民：《八卦象數療法》（北京：團結出版社，2009 年 5 月），頁 3。

〔註66〕孫廣仁、鄭洪新主編：《中醫基礎理論》，頁 28。

以身心靈平衡的發展，以及啟蒙與成長兼顧是必要條件。〔註 67〕故對於人民有必要加以合理的心理輔導，尤是生存的不安、生活的不穩、生死的恐懼等，都是荀子顧及到的生命教育，他隱然亦開發出一套合理性的哲學諮商。

　　荀子建立對於輔導人民安身立命的正確觀念，對於天象不應該有太多的迷信，對於人生的命運也不必交外在力量的左右，如蔡仁厚說：「荀子要把天當做自然物而制裁它，要憑藉天生之物而利用它……，總之，他認為物之生存在天，而成物則在人。為期有人為中成就價值，就必須制裁利用天生之自然物。」〔註 68〕是以荀子是把裁萬物、養萬民不是人應該有的認為，而且也是人的政務為要。期回歸到人的理性思維，認為以人為主導的世界，而且將聖人做為標準，故某一定程度上人參天，人與天合。然而荀子也警示，不瞭解天功而妄自造作，不但無法得到「天功」所為人類帶來的幸福，反而會招致「大凶」，為人類帶來種種災禍。如云：「暗其天君，亂其天官，棄其天養，逆其天政，背其天情，以喪天功，夫是之謂大凶。」大凶者，天凶也，這種天凶不是來自於天的刑罰，乃是人在暗、亂、棄、逆、背之中，違反了天功，是自作其孽，這就是是為大凶的行徑。荀子以人所造成的災禍更遠大於天災地變，故對於人的修養是最為重要的，遵照聖人的做法就能得點合理的秩序。

　　荀子以人對天合理的看法，給予人類給出自信自主的人生觀。故夏甄陶認為：「在我國古代哲學上，荀子是第一個從哲學理論上比較系統地對天給予自然的解釋的哲學家。」〔註 69〕對於自然越是理解，荀子對禮的發生則更有所證明，開始對天的神聖性起了批判，對天人觀的深入而系統的探討，卻不是直接找尋禮的發生處。禮義之統，若從其作為根源的實現之理上著眼，本亦可以追溯到一所自生之超越的天命或天道，由天命或天道下貫而注溉為人文世界之合理的活動，更是禮。荀子卻不是如此，周群振認為：「荀子視天，不僅不得為禮之所出，相反地，卻常以之為禮所必予對治的客觀外在之物事。」〔註 70〕說明，荀子的天論是在切分於天、人之間的聯繫。以人可以

〔註 67〕參考，劉易齋：《生命教育》（台北：國立空中大學出版社，2011 年 1 月），頁 263。

〔註 68〕蔡仁厚：《孔孟荀哲學》（台北：臺灣學生書局，1999 年 9 月），頁 382。

〔註 69〕夏甄陶：《論荀子的哲學思想》（上海：上海人民出版社，1979 年 8 月），頁 45。

〔註 70〕周振群：《荀子思想研究》（台北：文津出版社，1987 年 4 月），頁 139。

改變自然、驅使自然，可見在荀子心中「人」乃成為了宇宙萬物中最為首出者，人們的大天、頌天都不如轉而為制天、用天。

人類的範圍能擴大宇宙，人類秩序的和諧，也將成為宇宙世界的井然有序，這就是之小宇宙與天地宇宙融合起來的思想，把病命合起來想、理禮合起來想、把天與人接續起來，這正是儒者傳承的生命教育。如叔本華曾說：「人類的問題不能單獨研究，一定要和世界的關係連帶的研究。把小宇宙和大宇宙聯合起來。」〔註71〕此一針見血之論，也可見東西哲人匯歸的共同點。當前廿一世紀人類問題出路最大的依據，就是整合內外、古今與東西方而有一整體性的實踐，荀子為儒家的思想理論開出了新的面向，也為生命科學觀開出新局。

〔註71〕叔本華著，陳曉南譯，《叔本華論文集》（台北：志文出版社，1983年5月），頁171。

第六章　荀子的宗教向度與終極關懷

　　生命教育的全人教化，終要以精神導向之宗教模式做為統整身心靈的均衡發展的教育，人生對於觸及生命核心的宗教面向與靈性教育是不能偏廢的，天道影響著人類的生活，人類的精神文明與宗教的生命修持息息相關。要有靈性覺悟的宗教情操，才能擁有完整身心靈的生命結構，諸天的不可預知，讓人以敬畏的態度，儒家透過對天道、理儀與死亡等題頭的了解與建構，定位其靈性修為的精神面向。

　　目前學者紛紛有論述，有關儒家宗教性議題，也多樣化的呈現，如黃俊傑說：「儒學有其宗教性之內涵，這種說法中所謂的『宗教性』並不是指具有嚴密組織的制度化宗教，而是指儒家價值的信仰者對於宇宙的超越的本體化興起的一種嚮往與敬畏之心，認為人與這種宇內的超越本之間，存有一種共生共感而且交互滲透的關係。」〔註1〕就是在這共生共感的關係中，產生了整體性的互滲，宇宙與人生成為融合的視域，天道不再是高高不可了知，人可以透過修養與之共生共感。如梁佑典認為：「荀子對天仍有其宗教性的呈現，同先前的儒家一樣（孟子），對於超越天，有起碼的尊重、推崇與敬畏。人更能積極地參與地地造化之功，就此來說，荀子更進一步豐富了儒家宗教性的意涵。」〔註2〕故荀子乃以人文理序能與宇宙秩序溝通，在時空的脈絡發展下，展現儒家宗教性格，並表現出對古代聖人的崇敬惑情以及禮理世界的開展。

　　從宗教性角度來觀察荀子的生命教育思想，本文乃從天道觀、聖人觀以及禮儀觀及其與境土建構等觀點，來展開荀子的宗教理念與終極關懷。

〔註 1〕黃俊傑：〈試論儒學的宗教性內涵〉，《臺大歷史學報》第 23 期（1999 年 6 月），頁 339。

〔註 2〕梁佑典：〈論荀子思想的宗教性面向〉，《當代儒學研究》第十一期（2011 年 12 月），頁 81。

第一節　荀子天道觀

　　傳統中國「謝天」的觀念，一直流傳在日常生活之中，感謝天、感謝地、感謝神，生活的一切、周遭所見，都是因為天，人才得以擁有一切，所以才有祭天、甚至祖先的祭祀、神明的慶典。中國的民情，人總會畢恭畢敬站在天、神、祖之前自然會合十拜禱，而這並不是什麼人的特別強制教導，而是從小耳濡目染就會做的舉止。孔子說：「祭如在，祭神如神在」荀子說：「天地者生之本」，所以，人的言行舉止就需有一種內在的認定，以天可以提供一個源能，人對於天要存著一定的敬意，否則天厭之則是咎由自取。於是，對於人的內心作用有了一種敬畏態度。當人心與的理禮之序相融不悖，人的生活能得到最安適的狀態時，自然而然會湧現感恩情懷。所以，傳統中國人與其說是求天，倒不如說是人心欲得到平衡，能與天感應而流露出學習效法的嚮往。

　　荀子對禮的信仰，可以開展出其宗教方向的建立原則：荀子將以天地是生之本，亦是禮之本，荀子開啟對天的神聖性之理解，認為人生一切存在是來自於天地，人對這樣的存在，須要有特別的認知與詮釋，人的意志主發行為，一切行為都有目的，天道屬於宗教的造物主身分，是人生行為的畏敬所在，這是荀子宗教要素之首要原則。

　　再者，人對於天道的了解，是不是全然不知，也不是全為理性，只有透過聖人，以能掌握與天道的共存共榮。一般人所不能看到的部分，往往是必須經由聖人來表述，而聖人在道理的明顯隱晦之中，也會讓道自在流通，不必過多明說，這大概也就是聖人不求知天的作法。法國學者于連（Francois Jullien，1951～）在《聖人無意》中說：「聖人無意，是指聖人不會以很多觀念中戰獨提取一個，聖人的頭腦中不會先有一個概念，作為原則，作為基礎，或是簡單說就是作為開始。……作為源泉共用資源，既是隱的資源，又是顯的資源。」〔註3〕隱顯此間，一切的源頭，都需要靠聖人的詮解。而荀子對詮釋的理解，也是來自於聖人的承繼，因為聖人的體驗是來自於體察人生、深入歷史，他知道只有聖人的心是清明的照見，故對於天道的理解，是因為一切自然現象都來自於祂，聖人知道而且與與天地共參，故聖人成為荀子宗教觀建立的第二個原則。

〔註3〕弗朗索瓦‧于連著，閻素偉譯：《聖人無意──哲學的他者》（北京：商務印書館，2006 年），頁 55。

　　凡人認識了「天道」的尊嚴和偉大，並認清了自己的存在需求，心中便油然生一些尊敬之心畏，乃至仰賴與感謝、祈禱等情緒，當心中一有了這些情緒，便情不自禁地要表達出來，因為存於中而形於外，原是自然之理；做而禮儀的運用，是表達宗教認識和宗教情緒的工具，所以禮儀是荀子宗教觀的第三個原則。

　　這三項宗教原則，包括了人的理智，意志及五官的全部活動。對於這種認知，必須遵守聖人的指導，聖人是造物主的肉身代表，是設教的教宗，以先王及後王為主要統緒，一切誡命規範的產生也是來自於聖人，故人民都是有宗教性的萬物之靈，人的理智對於天道本體及敬神的天職和方法，可從聖人之教得到瞭解，而透過聖人的「道」而得到昇華。所以天道觀、聖人之教、與禮儀運作等，乃列為荀子宗教觀的建構，這種人文式的宗教建構，可謂為「禮教」，並將荀子天道觀的理論分析如下：

一、天地生之

　　荀子的禮包括禮之理的法則，人能依法則義的禮，源自「天行有常」之道，天生之道讓生命有能力運作其自己的規則，而人的自然運作是以「禮」為法則，可知天與人之間，都有著道在運行，天是一種自然的力量，它的作用就是提供一個生命的宇宙環境，可以讓所有的生命得以存在。故云：

> 天行有常，不為堯存，不為桀亡；應之以治則吉，應之以亂則凶。
> 彊本而節用，則天不能貧；養備而動時，則天不能病；脩道而不貳，
> 則天不能禍。故水旱不能使之飢，寒暑不能使之疾，祆怪不能使之
> 凶。本荒而用侈，則天不能使之富；養略而動罕，則天不能使之全；
> 倍道而妄行，則天不能使之吉。故水旱未至而飢，寒暑未薄而疾，
> 祆怪未至而凶。受時與治世同，而殃禍與治世異，不可以怨天，其
> 道然也。故明於天人之分，則可謂至人矣。（〈天論〉，頁676）

荀子的天論乃是當時思想的高度，在思想史的地位上的有其價值，他說「天地者生之本」，強調要知道天是一切生活的賦予，人則有其各自的名分。荀子認為，天有的常規變化，有其自然特性，故人民不必要懼於天地的怪異，因此賞罰的意義也不一定在天，〈天論〉裡討論到有關自然的問題，認為「天行有常」與人意志無關，不必刻意去轉化為人生現象的解釋，一切都是自然的行為，天自行決定這一切。

天有四時季節、六氣變化，這是天的事。大地能生五穀、六畜，這是大地的事情，人類配合天地四時節氣，按照天地的自然來做事，這就是人之事。人如果捨棄了參天地的能力，而只期望天地把一切的福份都終臨到身上，便是一種愚昧之事。荀子將天看作是自然的力量，故人事的吉凶禍福，還是要以人的意志為主。天道不會因為人情之變遷而改變自然特質，人事之治亂也不是影響天地運轉規律的原因，因此，應將天道回歸天道，人事回歸人事，聖人教人不曠廢自己的職分而想要妄求於天，天也不能命令人所應負的責任。故天人各有其分，也各司其職，當各自盡其本分，故提「天功」的說法，如云：

> 列星隨旋，日月遞炤，四時代御，陰陽大化，風雨博施，萬物各得
> 其和以生，各得其養以成，不見其事，而見其功，夫是之謂神。皆
> 知其所以成，莫知其無形，夫是之謂天功。（〈天論〉，頁 676～677）

> 天地生君子，君子理天地；君子者，天地之參也，萬物之總也，民
> 之父母也。（〈王制〉，頁 374）

荀子承認人為天地所生，故有「天地者，生之始也」（〈王制〉）的說法，但這天地是自然物理性的，生也是物理性的自然而然的生，禮之教以生之始及禮義始，而禮義創生於君子。所以對於人間的吉凶、禍福、苦樂之來是屬於自然物理的現象，那就不是人所能控制，但在這樣的未知之中，人要能知道做一個人的本分，本分就是「修道不二」。唐君毅認為：「此參在言人事與天地之事相配以成三。其言『天地生君子，君子理天地』，即言人與天地之關係，為一對等交互的，以其事互相回應之關係。」〔註4〕這是以天人連續的整體關的前提來立論，故天地與人共同擁有這個世界，故荀子的天「雖以天人分言，固亦不與其他儒道思想言天人之和者，必然相衝突者也。」〔註5〕這隱然也肯認「天人相和」的可能性，可以說荀子並未完全拋開前儒的說法，只是有其轉化的立場來相接於天。

天不能使人吉祥，也不能使凶惡；既不能降福予人，也不能降禍於人，故天不是人的主宰，只有人才是自己的主宰，而這個「人」充分表現在聖人的身上，聖人可以提供各種生命的答案。所以當人有禍患時，應該向聖尋找

〔註4〕唐君毅：《中國哲學原論·原道篇》，卷一（台北：臺灣學生書局，2004 年 10月），頁442。

〔註5〕唐君毅：《中國哲學原論·原道篇》，卷一（台北：臺灣學生書局，2004 年 10月），頁442。

原因，而不是向天求答案，人才能告訴人生命的答案，這就是對天道的理解。

二、人與天地參之

萬物與人之間同為天所生，所以說「天地者，生之本」，但荀子更傾向於關注實質的世間，以現實人生是人的活動場域，人才是決定這一場域中一切活動的元素，故他察人所謂「天人合一」、「天人相應」等說法，如林宏星說：「荀子言天，雖間或亦可見其有些許傳統意義上的天命感，如〈修身〉言：『老老而壯者歸焉，不窮窮而通者積焉，行乎冥冥而施乎無報，而賢不肖一焉。人有此三行，雖有大過，天其不遂乎』。又〈不苟〉云：『君子小人之反也：君子大心則敬天而道，小心則畏義而節』。但類似的說法在很大程度上表明：在荀子作哲學的初步理性化過程中，難免利用人們所知的詞語，因而類似的原始概念也出現在荀子的言說之中。」〔註6〕從而可知，荀子沒有拋離傳統的理解，而是更人文化地將天道的意義，落在人心的呈現。

天具有生的部分、地有養的部分，人則有治理的部分，這三者分立而「參」。人之五官為「天官」、心為「天君」，其特殊之處就在人使用以五官與心，人之所以成就其對天地萬物，乃是在於人之道。所以荀子之道，乃是人以天為工具，如由人而天，從內而向外走出之道。故云：

> 不為而成，不求而得，夫是之謂天職。如是者雖深，其人不加慮焉；雖大，不加能焉；雖精，不加察焉。夫是之謂不與天爭職。天有其時，地有其財，人有其治，夫是之謂能參。舍其所以參，而願其所參，則惑矣。（〈天論〉，頁676）

荀子以天職，是天所具有的運生萬物的能力，故不必刻意做為就能成功，不必刻意求取就能得到。像這種「不為」、「不求」的情況，就是自然，並沒有權威主宰的作用，故人與天是兩種職分。

天地是一切存在的根本，有了天地才有人與萬物一切的生命，人秉此生命開創人文活動而為「禮」，故禮要以此為本，得到了生發延續的可能。天是循環不息，是自然的現象，與人無關。天道人倫，兩者各自獨立存在。治亂既非天命，因而言凶由人，不是由天，與其順應自然，應充分發揮人之特長才智，利用自然以用天才對，由是得「裁萬物」、「養萬民」的成果。

〔註6〕林宏星：《合理性的尋求》（臺北：臺大出版中心，2013年7月），頁93。

三、天人之分

由於聖人不求知天，是聖人卻能成為天的代表，在四季、陰陽、風雨等現象中，萬物各得其所，各適其性，不必人為的加入，因為沒有刻意的作為，故能不見其事而知其事、不求知天知於天，可證之其明於天人之分的預設，故云：

> 好惡喜怒哀樂臧焉，夫是之謂天情。耳目鼻口形能各有接而不相能也，夫是之謂天官。心居中虛，以治五官，夫是之謂天君。財非其類以養其類，夫是之謂天養。順其類者謂之福，逆其類者謂之禍，夫是之謂天政。
>
> 聖人清其天君，正其天官，備其天養，順其天政，養其天情，以全其天功。如是，則知其所為，知其所不為矣；則天地官而萬物役矣。
>
> 其行曲治，其養曲適，其生不傷，夫是之謂知天。（〈天論〉，頁 677）

聖人知天而不必求知天，說明荀子「知其所為與知其所不為」的微言旨趣。知道哪些是天的事，哪些是人的事？天的事，人不要刻意去管，也不要做不當的理會，此即是「不為」。人們只把人本分事做好，以天情、天官、天君、天養、天政……等來應天，即是「為」。此隱顯之間，荀子指出「清其天君」，要人的知識有所主宰，人必須在大清明的心態，以保持天君之清，此知而連繫彼不知，是以人而主要思考，人事一切在於自己的掌握而不是聽天由命。

因為天有常規、人有分位，富貴的人便會「自知者不怨人，知命者不怨天」，而貧賤的人則「怨人者窮，怨天者無志」（〈榮辱〉），荀子強調「明於天人之分」就在，不怨天的知命者，就是「至人」，即明白天人兩者的名分、職分，天有天的特殊性其，人也有人的特殊性質，天人相分，兩不僭越。這裡的關鍵在於「天人之分的『分』，不是作為動詞的分別、區分之意，而是作為名詞的職分、名分之意。」〔註7〕天與人都可以視為是一種存在的、歷史的與自

〔註7〕孔繁說：在戰國時期的文獻材料中也有許多作為名詞的「分」字之例，如：《孟子·盡心上》謂「君子所性，雖大行不加焉，雖窮居不損焉，分定故也。」《商君書·定分》篇謂「名分已定，貧盜不取。」等都是典型的例證。這些文獻材料証明，作為名詞的「分」字之義在於「職分」和「名分」。鄭玄注《禮運》謂：「分，猶職也」，是正確的。「分」字的這個意義，有時也被寫作「份」，這個意義上的「分」字也應當讀為「份」之音。但是荀子之分，是明於天人的職分。參見孔繁：《荀子評傳》（南京：南京大學出版社，1997 年 11 月），頁 113。

然的，天生萬物賴以維生的規律，不是以任何意志及掌控萬物的能力，更不可能與人世間治亂產生任何關聯；然而人依認知能力，可以有主治抉擇，可以自由決定世間的環境，人必須超越一切天定的困難，然而才可以為自主，也只有這自主的意志，才能決定天與人存在的意義。

　　自古以來中西方的歷史傳說，「天」常被視為有宗教或道德意識，是屬於「神的原型」（God-archetype）的存在，或謂為的「原型」的觀念，榮格（Carl Gustav Jung，1875～1961）稱這是人類「集體無意識」的現象〔註8〕，然而弗蘭克則說：

> 所有的人也都獨立地發現二加二等於四，但我們沒有必要以一種原型來解釋這個現象。因為二加二的確得到四，所以我們或許也沒有必要以一種神的原型來解釋人類的宗教。
>
> 想想看，當我們所呈現的人，是一個被習慣所制約的反射體，一個已設計好程式的機器人，一個為本能所束縛及愚現的有機體，一個只是驅慾及反應的爪牙，及一個僅是遺傳與環境的產物時，我們不是恰好助長了現人虛無主義的傾向嗎？〔註9〕

這是將天所屬的歸於天，人的部分歸於人，在這樣認知的定位上，人自己應當為之事就要有所為，不再依靠天、也不再求天，更不可能求天啟。弗蘭克所說：「除非人以超越自我的方式生存，否則存在終將動搖。」〔註10〕人都無法自任，則天隨時可以擺佈人。又弗蘭克云：「人絕不是遺傳和環境所能完全塑造的產生，必然還有第三個因素存在，那就是『決定』。人在終極意義上是可以決定自己的存在與成長的，因此，我們教育的方向應該在訓練人們從事決定的能力。」〔註11〕這種決定，就是荀子的「參之」之說，即人與天是參而鼎立，人不必再

〔註8〕 榮格：「集體無意識的表象對於意識態度具有補償性，它們具有把意識的偏見、反常或危險狀態帶回平衡的作用。」參見，榮格著：《榮格文集，第七卷——人、藝術與文學中的精神》（北京：國際文化，2011年5月）。我們也可以說，這種集體無意識正是古人所傳下來對於天的體認，荀子掌握到這樣的考察，要將人類地位重新塑造，以樹立主導權。

〔註9〕 弗蘭克著，游恆山譯：《生存的理由》（台北：遠流出版社，1991年7月），頁19～20。

〔註10〕 弗蘭克著，黃宗仁譯：《從存在主義到精神分析》（台北：杏文出版社，1986年8月），頁12。

〔註11〕 弗蘭克著，游恆山譯：《生存的理由》（台北：遠流出版社，1991年7月），頁18。

事事依靠天意，人自己有能力判斷自己要做的事，也可以做好自己的事。

〈天論〉中的天是屬於天生者心。荀子的心是理智的心，解人世之蔽。故決定天下治亂與人間禍福的是人自行決定，除了天的自然變化之外，他認為人類可以「制天命而用之」，依天所給予之一切而轉化為人之所需。這種思想是特出於前儒，是屬於儒家的一種重新詮解，荀子因為區分了天和人各有不同的職分當屬於「深」、「大」、「精」者，是天的功用，人不必斤斤求盡，如此才算天功最大的運用者。天的名分、地位，亦即「天」的神秘屬性，也都可以為人所掌握，但只有聖人能如此掌握，因為聖人能知「以義變應」，他不刻意彰顯天的神奇，他知道天有天的能事，而人也有人的能事，天人分別有本身的作用，從天道到聖人的設教，正是荀子禮教原則。

荀子體認到有這樣的聖人，聖人能以禮的運作，即是參天地的運作，化解了對天的要求或期待，放博了對天的依賴或恐懼，則進而能自治治人，這就是「至人」。荀子必須將這樣的真理宣說出來，以表達聖人教化的理念，他隱然也是那一位撰寫歷史的「至人」。

第二節　聖人參天而設教

荀子的聖人觀，指向面對人民生活中的痛苦、戰亂與挫敗時，荀子以人要關心和重新檢視人的處境，就是自我做主決定的能力，由於自我所能形成的事物是無限的，藉由自由決定的行動，人才不會受限於外在命限的真相。因此，人能夠確認人的最貼切的當下，就是一個人體驗到人的自由意志的時侯，人生自我可以承擔我的選擇，但荀子仍有與「天地參之」的理論，乃知荀子雖以聖人觀為中心，但仍沒有放棄傳統對「天」的理解，而只有聖人可以理解天，故能「參之」以展開對人民的教化。

荀子解釋不求知天，是因為天有天的職分，故「大巧在所不為，大智在所不慮」（〈天論〉）聖人不必求為求慮，更不能干涉天的運行與規律，故「知其所不為」。蔡仁厚說：「不求知天而知天，二者各有所指，而亦各有所當。……蓋天地之運，四時之序，陰陽之化，萬物之生，從其所以然一面看，是不可知的，亦不必知。但從其實然一面看，則既有形跡可尋，亦有形象可見，所以實這然層的是可知的。」〔註12〕一切是其所是，而知其所為，人類所運用是從

〔註12〕蔡仁厚：《孔孟荀哲學》（台北：臺灣學生書局，1999 年 9 月），頁 376。

知己中知天，這不僅是瞭解，也包括了實踐，故「知其所為」，所以聖人得表達「天功」，更進一步可以「制天」、「用天」，這與「觀天之神道，而四時不忒，聖人以神道設教，而天下服矣。」的理念沒有不同，都是聖人設教，乃以天具有其生養、變化、不可知的意義，而設立依此掌握而設教以化民。

一、治亂在人不在天

　　荀子代聖立言設教建立人類生存的法則，在於作為世界與己有息息相關，天人關係就是一實存性的，不論是有利有害，總是可以讓人體證，人仍是不能離開天道與人性的客觀的存有。從存在的觀點探論，「故錯人而思天，則失萬物之情。」（〈天論〉）即使天有不測之風雲，人仍然可以與時屈伸、剛強猛毅、以義變應，如此來思天，則不失人事萬物與天地之序，人類真正的思考在於能「天地官、役萬物」的人，這也是荀子對諸子所呼籲的不要遺忘了人此在的存有，故世間的治亂不在於天，重點在於人。如云：

> 治亂天邪？曰：日月星辰瑞曆，是禹、桀之所同也，禹以治，桀以亂；治亂非天也。時邪？曰：繁啟蕃長於春夏，畜積收藏於秋冬，是禹桀之所同也，禹以治，桀以亂；治亂非時也。地邪？曰：得地則生，失地則死，是又禹桀之所同也，禹以治，桀以亂；治亂非地也。《詩》曰：「天作高山，大王荒之。彼作矣，文王康之。」此之謂也。
>
> 天不為人之惡寒也輟冬，地不為人之惡遼遠也輟廣，君子不為小人之匈匈也輟行。天有常道矣，地有常數矣，君子有常體矣。君子道其常，而小人計其功。《詩》曰：「禮義之不愆，何恤人之言兮。」此之謂也。（〈天論〉，頁 686）

天的常道，有春暖、夏熱、秋爽、冬寒等四時的運行；地的有常道就是廣而遠，使人也費力費時。故「廣」是一種常數，即常道也，天地的常道，就是使天地成為天地之道，如無此常，天地就不成天地矣。顯見荀子已明白地劃開了天人關係，故人性善惡的根據，也不必向天尋求保證，人類就是一切靠自教自化，這正是荀子人文主義式的宗教觀。

　　荀子「天地生之，聖人成之。」（〈富國〉）「天生」的意思，即天地生成萬物，乃其職責，為自然而然的存在，認為天生地養都是自然現象，但是天卻不能以治理於人。只有依賴於「人成」，這的「人」乃是能夠辨別是非、成就

禮治的清明之人，人要根據「志意脩，德行厚，知慮明」(〈天論〉)的學習，以之修養、處世、禮治，進而完成世間天下禮義，乃可以為君子、聖人。

　　只有待「聖人」然後才能治理天地萬民者，這是因為聖人擁有辨物理智，並能有效的運用禮義，這些能力也是因為「為之、貫之、積重之、致好之」(〈王制〉)的漸積而得，故聖人的禮制才能裁理天地萬物。傅佩榮說：

> 荀子對於天人關係的看法，自始就把焦點放在聖賢與君子身上。所謂「天地生君子，君子理天地」，聖人與君子可以被尊為「天地之參」。所以「參」者，是根據天地的法則作「禮樂」。禮樂雖然構成人類社會的判準，但是其成效卻是全面的。由於禮，「天地以合，日月以明，四時以序，星辰以行，江河以流，萬物以昌。」〈禮論〉這句話似乎肯定了，人制定禮之後，透過禮與萬物建立適當的關係，並能與萬物相融為一。〔註13〕

此指天地生養的化育過程，還不能完成整個天地之禮軌，必須待聖人的「參」，方可能達到教化的圓滿，此參就是聖人能參天，而設禮以為治的原理原則。故云：「財非其類，以養其類，夫是之謂天養。」(〈天論〉)，萬物為人所利用是自然的道理。故「天有其時，地有其財，人有其治，夫是之謂能參。」此時、財、治皆別代表著生養的能力與程序，即天地有物質上的支持，此支持在世間不論盈虧多少，都只有人能將其中秩度價值來成就，於是天人關係也有了不同的意義，這也正是天生人成的主要觀點。

　　由以上觀之，人類來自於天地生養，又經過聖人的教化，於天地之間有一套禮理的規範，故李哲賢說：「荀子以禮起於人類需之節制與滿足，不僅符合今日社會學的觀點，且誠是發前人所未發。」〔註14〕聖人以身作則，乃可為人民的效法，這不但是儒家禮教的建構，而為儒家開出外王事業十分有價值之貢獻者。

二、聖人形象典範的建立

　　荀子從天道觀一貫的體系來說，他重視自然的天行，天有天的變化、人則有人的職分，天不能任為禍福人間，也不能任意控制於人，成敗得失之間都是人為，故君子重在能自省，以人事可補天職的不足。

〔註13〕傅佩榮：《儒家哲學新論》(台北：聯經出版社：2010 年 12 月)，頁 155。
〔註14〕李哲賢：《荀子之核心思想》(台北：文津出版社，1994 年 8 月)，頁 157。

　　人一生之中其榮辱窮通似乎沒有什麼不同，只有偶然的節遇不同，在這不同之中，就會出現安利、樂易、壽長及危害、憂險、夭折等窮通現象之不同，荀子這裡提到了三個關鍵，堯禹不是天生具備，聖人所以立教三個的因素〔註15〕：

　　（一）修身以立命。即聖人能生起於變化其性的心，心因為能「虛」所以清楚自己的行為，對於本性雖是人人相同，可是成為聖人或小人卻在於自己要不要化性，蓋「聖人積習，習偽故」，先王之道以仁義之統類，用以來修養自己的品格，安其身而立其命，君子的品格重在對清明心的把，因為時時有自覺之察，亦不會被外在環境所困擾，所以不斷累積知能，當得到時運來臨，就以將德業發展出來，進而能使人人能遵行法度秩序而有法度可尋，如云：

> 孔子南適楚，厄於陳、蔡之間，七日不火食，藜羹不糝，弟子皆有飢色。子路進而問之曰：「由聞之：為善者天報之以福，為不善者天報之以禍。今夫子累德積義懷美，行之日久矣，奚居之隱也？」孔子曰：「由不識，吾語汝。汝以知者為必用邪？王子比干不見剖心乎？女以忠者為必用邪？關龍逢不見刑乎？女以諫者為必用邪？吳子胥不磔姑蘇東門外乎？夫遇不遇者，時也；賢不肖者，材也；君子博學深謀，不遇時者多矣！由是觀之，不遇世者眾矣！何獨丘也哉！且夫芷蘭生於深林，非以無人而不芳。君子之學，非為通也，為窮而不困，憂而意不衰也，知禍福終始而心不惑也。夫賢不肖者，材也；為不為者，人也；遇不遇者，時也；死生者，命也。今有其人，不遇其時，雖賢，其能行乎？苟遇其時，何難之有？故君子博學深謀，修身端行，以俟其時。」（〈宥坐〉，頁1118）

人的本性雖是出於天生，但是要成為賢不肖就是屬於人的材質，也就是在於人要不要去矯治之。故為與不為成為一種關鍵的態度，只有博學深謀，修養身心的人才有可能成為君子。然而這裡又強調，君子仍可能沒有遇到時，故而不能有所做為，故荀子說明起於變故的兩種心態，就是有沒有修好品行？修好品行後，有沒有遇時？說明荀子的知命觀。兩種都必須到位，但是沒遇到好的機緣是時也，是自然而然的並沒有天意的安排，一個是否要成為君子

〔註15〕本段文詞修正，參閱，李滌生註：《荀子集釋》（台北：臺灣學生書局，2000年3月），頁66。

是要不要做的問題，所以一切的決定在於自己而不是在於上天。正如弗蘭克的說法：「我們並不只是將意義附著或歸屬於事物上，而是去發現意義；我們並不是創造它們，而是去探獲它們，這就是所謂意義的客觀性。」〔註16〕雖然一個人面對困厄的逆境，但這不能決定是否賢不肖；雖然一個人修養品格，但這不能決定是否有作為，此時只有博學深謀，修養身心，待機以時，這就是荀子化性而起偽的意義。

（二）知命以待時。君子的修為在於對環境的打擊，都可以隨遇而安，而且能知命待時，百姓的教化大小，只有如水一般的隨圓就方，終能成就君子的修為。如云：

> 孔子觀於東流之水。子貢問於孔子曰：「君子之所以見大水必觀焉者，是何？」
>
> 孔子曰：「夫水遍與諸生而無為也，似德。其流也埤下，裾拘必循其理，似義；其洸洸乎不淈盡，似道；若有決行之，其應佚若聲響，其赴百仞之谷不懼，似勇；主量必平，似法。盈不求概，似正；淖約微達，似察；以出以入以就鮮絜，似善化；其萬折也必東，似志。是故見大水必觀焉。」（〈宥坐〉，頁1117）
>
> 子貢問於孔子曰：「賜為人下而未知也。」孔子曰：「為人下者乎？其猶土也。深扣之而得甘泉焉，樹之而五穀蕃焉，草木殖焉，禽獸育焉；生則立焉，死則入焉；多其功，而不息。為人下者其猶土也。」（〈堯問〉，頁1175）〔註17〕
>
> 知者不怨人，知命者不怨天；怨人者窮，怨天者無志。失之己，反之人，豈不迂乎哉。（〈榮辱〉，頁127）
>
> 節遇謂之命。（〈正名〉，頁882）〔註18〕

〔註16〕弗蘭克：《從存在主義到精神分析》（台北：杏文出版社，1986年8月），頁17。

〔註17〕李滌生註：下，謙下也。「賜為人下而未知」之下，當有「為人下之道」五字。《說苑‧臣術》：「賜為人下，而未所以為人下之道也。」《韓詩外傳七》：「請問為人下之道奈何？」《家語‧困誓》：「賜既為人下矣，而未知為人下之道。」皆可為證。故為人下，為人臣下。參見，氏著：《荀子集釋》（台北：臺灣學生書局，2000年3月），頁680。

〔註18〕李滌生註云：「節，適也。節遇，偶然遇上了。此與命由天定說不同。」《荀子集釋》（台北：臺灣學生書局，2000年3月），頁509。

荀子以知命之說，即君子當知人事的窮通變化，而命運的好壞決定在自己對知的修為，只有自己能盡己之務，奮己之能以面對世間的一切，對於命運的說法，雖然天有生成的部分，有其節遇的環境，但並沒有被決定一切，所堯舜不是天生就可有做聖人的條件，人之成為小人，是唯利是圖而又沒有師法，沒有得教養，也遇到亂世不知應對之行，所以小而又小，亂而又亂，於是要有聖人的立教。故云：

> 堯禹者，非生而具者也，夫起於變故，成乎脩為，待盡而後備者也。
> 人之生固小人，無師無法則唯利之見耳。人之生固小人，又以遇亂
> 世，得亂俗，是以小重小也，以亂得亂也。（〈榮辱〉，頁141）

> 榮者常通，辱者常窮；通者常制人，窮者常制於人：是榮辱之大分
> 也。材愨者常安利，蕩悍者常危害；安利者常樂易，危害者常憂險；
> 樂易者常壽長，憂險者常夭折：是安危利害之常體也。（〈榮辱〉，頁
> 127～128）

荀子認為孔子以謙下、守卑的心態來處世與應對。在這裡以孔子與子貢之對話為例，君子要知為人下之道，以為進德修業之功，只有把自己把自己看成像大地一般，以能為下故能成其上，就如大地一般，人人所踐踏，但又承載萬物，提供蘊涵各種資源，無限的德能也都因此增長而成就。弗蘭克說：「生命一連串的問題，人必須藉著生命的負責態度，藉著決擇，藉著對各人問題的答案之是抉擇來回答。」〔註19〕儒者的修為也是對生命負責的決擇，是一種以身作則的教化。

　　（三）通神明、參天地。從變到修以至於盡備，這都是荀子認為要一生堅持的事業。故君子一生都要在學、教、施的知命狀態，或許可能達到盡而全備。要「壹」之於道，然而可以通於神明，參於天地。如云：

> 孔子曰：君子有三思而不可不思也：少而不學，長無能也；老而不
> 教，死無思也；有而不施，窮無與也。是故君子少思長，則學；老
> 思死，則教；有思窮，則施也。（〈法行〉，頁1143）

> 積土而為山，積水而為海，旦暮積謂之歲，至高謂之天，至下謂之
> 地，宇中六指謂之極，涂之人百姓，積善而全盡，謂之聖人。彼求
> 之而後得，為之而後成，積之而後高，盡之而後聖，故聖人也者，

〔註19〕弗蘭克：《從存在主義到精神分析》（台北：杏文出版社，1986年8月），頁
　　　18。

人之所積也。（〈儒效〉，頁 330）

這是強調全盡之道在於思學教的過程，聖人必須不斷學習以充盡各種知識，然而累積經驗可以教之於人民。這裡也可以看出荀子導化生命方式，乃在著重於力行的工夫，以一種意義上的認知教育，然後才可了解仁義法正。由於認知生命的教育必須借外在工夫的學習相助，所以積習要到至高至下，久而久之，然而可以有致誠而積善的工夫，然後可以知通統類達到全盡全粹，終可正理平治以為全人教育的目標。這荀子的知命立命之論，他以自我為主要原則，不否定天道對人的影響，然將命運訴諸於後天的世事，人必須以此生的意志去克服它，命運只是一種人生的偶遇，非在於天神的操弄，能明白此則可以通神而參天，故可說是儒學知命精神的一種面向。而這與「正向心理學」所談到「高自尊的價值」相似，如云：「高自尊的價值可能也包括緩衝作用，能夠幫助當事人抵抗自我形象遭受威脅或貶損所造成的壓力與焦慮。」〔註20〕這是人對於來自於天的壓力所能保有的價值，而且這種價值要擴充達到完美，人才人生的境界。

荀子說明「天地生之」、「人能參天」、「天人之分」等論述，突破以往的儒學傳統，力主聖人的理性，以建構禮之正統。正如德國的社會學說韋伯所言：「偉大的神靈們的宇宙秩序顯然是要降福於世界，特別是降福於人類，社會的秩序也是這樣。國泰民安，應該並且也只能通過順應和諧的宇宙來實現，如果未能實現，過錯在於人的愚昧，主要是對國家和社會領導不當，違背了秩序。」〔註21〕從荀子的天人關係，雖生於天又獨立於天的局限之外，此突顯荀子對於當時人匍匐於大自然力量之下，不是只用祈禱、祭祀等禮的方式來表達對畏懼與臣服而有所批判，人類自身仍是無限的充實，一種類似實用式的宣言：「存在就是它所是的那個東西。」〔註22〕人的存在是自我的做主，人才是天地之主體，其表達出故「天人之分」說，力圖突破僵固的思維，讓人們從自然的敬畏中解放出來，挺立人的自由自主，並以之制天用天，達到「天生人成」的禮教構建。

〔註20〕 Steve. R & Marie. K 合著，李政賢譯：《正向心理學》（台北：五南圖書，2014年），頁 334。

〔註21〕 韋伯（Maximilian Karl Emil Weber）著，王容芬譯：《世界宗教的經濟倫理：儒教與道教》（北京：商務印書館，2008 年 12 月），頁 203。

〔註22〕 劉笑敢：《兩種自由的追求——莊子與沙特》（台北：正中書局，1994 年 7 月），頁 40。

第三節　荀子生死觀

　　禮教關懷是人們生活的實際運用，其體現在對死亡的教育。荀子論禮重視由情感的節制，當面對死亡時，人必須慎始慎終，以一種嚴肅的人生態度來進行禮儀。死亡，是認識自我的最佳途徑，故要謹慎而負責地面對它。心理學家羅洛・梅說：「沒有認識到自我的命運，自我就不可能有意義。我們如何回應疾病、災殃、好運、成功、重生與巨大的死亡？……這些回應必須是與命運相連的自我來達成。」〔註23〕死亡是人類的不可抗拒現象，人要學會接受這樣的打擊，從而能力求生命的美善，重視生命的保全，荀子教以謹慎其禮來對治生死。

　　荀子對死亡現象禮節的諸作，認為以合情合理為要，從具備禮義之道的價值，以滿足人性的需要，使得生活適切應遲，故久而久之得讓禮與俗合一，開創出人文的意義，以下就謹治生死、延壽觀、從義續命等觀點來論述：

一、謹治生死

　　人的生命受到打擊，人情感受不能抑制，環境情境不斷湧現時，復歸於禮是依循原則，荀子舉喪禮為例，要人避免因傷痛過度傷到身體，更指向對死者的態度，是人格情操的變化，無不要秉持人性的合情合理，如云：

> 禮者，謹於治生死者也。生，人之始也；死，人之終也。終始俱善，
> 人道畢矣。（〈禮論〉，頁772）

人的出生到死亡，皆遵循禮義之文，終始俱善者，才算是完美的人道。聖人教人治理人之生，謹慎人之死，終始如一，此「一」即聖人之道，也就是禮義之道。面對死亡，要實踐禮的人文特性，那就是一種負責的態度。亞隆說：「對死亡的恐懼是普世皆然的，而且恐懼的程度強大到把大部分生命的能量都消耗在否認死亡上。死亡的超越是人類經驗的重大主題。」在緣聚緣散、得志與失意、聚會與散場……等人情死生的情景所遇合，人類始終要面對生存或死亡的恐慌，面對死亡時，荀子要人能以謹治生死，使禮義與身體的關係和諧，這裡並不是說要對治死亡，而是面對死亡，也要以合理的態度去處理，如此才能開出悲傷輔導的方法。

　　荀子所建立死亡觀，以對生命的負責有關，心理學家認為這就是一種「內

〔註23〕羅洛・梅（Rollo May，1909～1994）著，龔卓軍、王靜慧譯：《自由與命運》
　　　　（台北：立緒出版社，2010年），頁212。

疚」（schuldig）的態度，由於親人的死亡，這對自己來講是一件無法接受的事實，但是自己又不可能改變現狀，自己無法讓親長生存下去，這樣的情切是人生的悲痛，中國人常將它化為內在的愧疚，而喪禮的提出正好可以補足這種情感。而且當自己失落之情，讓自己必須對至親的死亡「負責」，這就是荀子的一種死亡觀。故心理治療學家亞隆提到：「感到內疚同時也有負責的意思，也就是做為某件事的理由、作者，甚至是起因。」〔註24〕所以就像儒者的終極關懷一般，人感到內疚的程度就是他對自己和世界負責的程度。內疚是人真實的存在，亞隆說：「內疚感最初並不是起因於虧欠感，剛好相反，只有在原本感到內疚的基礎上，才可能有虧欠感。」〔註25〕由於親長的情誼無法再報答，思及恩情難以回報，故這樣的情感可能激發人們對孝道的「良知呼喚」〔註26〕，就是使人回頭面對自己的真實。

　　海德格稱「良知」（conscience），是一種此在對自我的呼喚。即人的有限性中感受著命運的恐懼，這樣的感受呼喚著沉淪於世的「人人自我」（they-self），良知呼籲著人受到的宰制，人要前往並瞭解自身的真實而成為本真存在。〔註27〕這種對良知之隱晦性的說法，其實就是孔子所說的「不安」、孟子說的「不忍」〔註28〕，亦即荀子的「惡亂」，這種道因為人的內在愧疚，故要對之人生負責，所以荀子提到「終始俱善，人道畢矣」從死亡教育看到人性尊嚴，這正是儒家所強調的積極的、圓滿的人生。

二、延壽觀

　　荀子的生命觀，含括了從自然生命層面到內觀理性層面，則荀子以「人無禮則不生」的觀點，認為死者謹慎其葬禮，而生者得其合宜地使其延續生

〔註24〕歐文・亞隆（Irvin D. Yalom）著，易之新譯：《存在心理治療》下冊（台北：張老師文化，2011 年 3 月），頁 398。

〔註25〕歐文・亞隆：《存在心理治療》下冊（台北：張老師文化，2011 年 3 月），頁 398。

〔註26〕海德格提出：「良知有愧的觀念實際上依良知無愧的觀念制訂方向的，因常解釋執著在操勞結算與找補罪責與無罪責這一維度上，於是人們只是在這一視野上體驗到良知的聲音。」參見，海德格：《存在與時間》（北京：三聯書店，2012 年 6 月），頁 293。

〔註27〕以上參見海德格的觀念：《存在與時間》（北京：三聯書店，2012 年 6 月），頁 307～337。

〔註28〕子曰：「食夫稻，衣夫錦，於女安乎？」（〈陽貨〉）孟子曰：「人皆有不忍人之心。」（〈公孫丑上〉）

命，故「生者以壽」的觀念，乃提出禮與養生的關係，是從內而到外的整體生命的內容中來觀察。如云：

> 生者以壽，死者以葬。（〈賦〉，頁 1109）

人的身體養生，從心延續生，故提出禮與養的關係，重視到「氣」的調治，也從心慮的潮明，涉到生身的保全，故「生者以壽」的養生意義，即以禮來合理，以生合順禮，則身體有所養得其秩序，於身體則能是運行不已，這就是一種延壽的觀念，延壽必須統攝在禮義，如此才能從心到生的周全，如云：「故人一之於禮義，則兩得之矣；一之於情性，則兩喪之矣。」（〈禮論〉）這是聖人的行為能專一於禮義，則禮義與性情二者就可兼得。故人在世中就是掌握到此「一」的精髓，即以此貫通有限與無限，如此人得能有延續的意義。如云：

> 遠方莫不致其珍；故目視備色，耳聽備聲，口食備味，形居備宮，
>
> 名受備號，生則天下歌，死則四海哭。（〈解蔽〉，頁 833）

這是指聖人的禮教，以心化性，化性起偽，勤學修身，力行禮義，實現富國裕民，使得每一個人生死無懼，這是君子面對死亡與命運的意義世界。當一個君子能以禮化於人民，讓人人生活在禮行的世界，則他的精神已進入每一個人的身心之中，所以每一個人的生活，都可以延續君子的身心，如此則超越肉體的生死，建立一個永恆的禮體。

這種說法，正如海德格指出，透過「參與」（anticipation）來開顯死亡的本真意義。〔註29〕當人在生時不斷付出而超出自身的過程當中，就同時參與到死亡的可能性之中。因而，人要明瞭自己必須獨自承擔面對死亡，並在原初的確定性中明瞭死亡是它自己的事實性，死亡不能孤立地予以瞭解，而必須在「生」的投出中來把握，這種是「參與」的意涵，正如儒者在世間的被需要，荀子的參與是不斷地付出，以聖人為例「生則天下歌，死則四海哭」，因為聖人大化無所不在，生時為人人需要，死後為人人所懷念，故其生命是無限延續。

三、從義以續命

荀子認為「禮」是謹慎處理人的生死大事，從人生的開始到人生的終結，終與始能夠都處理得宜，這就實現人子之道。子曰：「父在觀其行，父沒觀其

〔註29〕參考海德格：《存在與時間》（北京：三聯書店，2012 年 6 月），頁 271～298。

志。」(〈學而〉)即使父母死亡後,仍要謹繼父母的志向與精神,仍需由子之道來行持,這就是一種志命的存在,也是慧命的弘續,人子在一定的時節從事祭禮來緬懷、與思念,這都是孝道精神以彰顯父母之命。

　　荀子則將父志理解為符道之志,子道將父道之志,續繼弘續,這就是一種以義來傳命的觀念。正人君子對待生事要愛敬,對待死事要哀戚,敬始而慎終,慎終追遠,便是孝子之德、聖人之道,也就符合於禮。故「從義不從命」的主張,這是將父母的志向中,符乎正道者繼續弘續,如云:

> 孝子所不從命有三:從命則親危,不從命則親安,孝子不從命乃衷;從命則親辱,不從命則親榮,孝子不從命乃義;從命則禽獸,不從命則修飾,孝子不從命乃敬。故可以從命而不從,是不子也;未可以從而從,是不衷也;明于從不從之義,而能致恭敬,忠信、端愨、以慎行之,則可謂大孝矣。傳曰:「從道不從君,從義不從父。」此之謂也。故勞苦、雕萃而能無失其敬,災禍、患難而能無失其義,則不幸不順見惡而能無失其愛,非仁人莫能行。詩曰:「孝子不匱。」此之謂也。(〈子道〉,頁1126)

在儒學中的「孝道」觀,亦謂是一種先人生命精神的延續,如用祭禮、哭歌、緬懷等方式,來與先人共同會晤,這正是一種對於「參與」中的生命開顯。荀子更提高其境界,以從道、從義的觀點,來作為父道精神的擴展,故謂「從義不從父」,是儒家事親的原則,如子謂「事父母幾諫」,乃是儒者敬勸父母使之合乎「義」的最佳方式,父母也可能有不明理的時候,此時荀子說的「孝義」更難能可貴,這與後世所提倡的那種片面要求子女的愚孝是不可同等觀之。

　　孝道也表現在祭禮以「慎終追遠」的意義,祭禮開創出對先祖精神生命存在的觀念,祭禮除了表示對被祭祀者的情誼之外,也需符合祭者的實際需求,又如祭禮又分有:郊祭、祈穀祭、大雩祭、祭寒暑、祭日月、祭星辰等。地祇之禮分有社祭、祭山川、祭五祀、臘祭等。鬼神系統分有宗廟之祭、祭祖先等。這些祭禮是與先祖的同體重要,也是對後人的心靈慰藉,故荀子以禮的精神連繫到每一個上下關係、先後次序的不同,建構了孝道之連續觀與整體觀。

　　蓋人的根源的天地之心靈生命和它所具足的德性,不斷地流行於天地君親師的生命之中,以成就人能不停地表現道德行為,以至於無窮無盡的境界,如唐君毅云:

> 非謂其真信人死之為空無所有，故於生後之事，無所容心；而唯是
> 其信一生之始終之事，乃表現宇宙之太極陰陽之理之一顯一隱，或
> 一動一靜、一往一來相應成和，以生化不窮之歷程。〔註30〕

儒者相信生命是一隱一顯、一動一靜、一往一來的現象，這樣的現象說明生死是一種過程，人必須在過程中的每一個歷程中，盡心盡份地完成自我的修練，以表現在每一個生活當下，聖人的關注與人們的提振，禮樂文化就是在如此孝義之中，讓每一個生命持續永恆存在，荀子是以禮義化成這生命存在的世界。

生死面對的心態必然也會影響一個人的生命狀況，生命的掌握合於此道，正是儒家的工夫修養，造就了生活的豐厚與生命的價值，故自盡其義的生命哲學，也是儒家一種積極的生死哲學。一如弗蘭克說：「我們在生命中面對死亡的情況，就好比是一位學生面對他的期末考。能否答完全部考卷，絕對不比正確的答案來得重要。學生必須預備鈴聲響時，他要停止作答，交出他的考卷。在生命中，我們也必須隨時準備會被『召喚』回去。」〔註31〕死亡是人生的悲痛，哀傷是人生的自然，對於悲痛哀傷的對治是以禮來補長續短、損益於禮。

對於亡者的存在，一個儒者生命無法與之切割，就如同一種關係是本來存在，人的理性所開顯的秩序，卻同時是依附在禮的制度中。一如布伯所言：「人感受到自己既是受造者，又是創造者，……你於心間無時不知自己需要上帝甚於一切，然你可知上帝同樣需要你，祂在永恆充盈中需要你。」〔註32〕儒者要透過於禮，以彰顯禮樂的大化；禮也需要儒者來架構其世間價值。君子能明達事理而善於應變，此亦落在心能識理之前提上，君子以禮如此，則能心緒平和而志意廣大，則形體等得到充分的和諧。心能識理，則人漸而培養出理性情操，在此理性的引導下，人能辨是非，知進退，心緒自然平和，而人之生命不斷地擴充涵養。益於引導人在生存、情感、欲望、安樂等生命內涵上得到滿全。

當海德格「向死的存在」〔註33〕一說，認為死亡是一種不可超越的可能

〔註30〕唐君毅：《哲學概論》下冊（台北：臺灣學生書局，1993年1月），頁1093。

〔註31〕弗蘭克：《生存的理由》（台北：遠流出版社，1991年7月），頁87。

〔註32〕布伯著，陳維剛譯：《我與你》（台北：桂冠圖書，2011年3月），頁66。

〔註33〕海德格著，陳嘉映、黃慶節譯：《存在與時間》（北京，三聯書店，2012年6月），頁293。

性，這與儒者的認識是大為不同。但李瑞全說：「儒家是以人作為一道德行動者，人間世界是一道德社群為出發點。我們如果了然心性天為一之義，則知天道即是一生生不已的創造，生生不已之開創實同時即有去舊生新的一面。」〔註34〕荀子也是如此的觀點，當人們對死亡不安應當不只在死亡本身，生的部分更要重視，因為生死本一體二面，因此儒者探討生死現象，乃重視生命、生存與精神存在的問題。

　　死亡的態度影響人一生的生活狀態，「生命和死亡是相依相存的；它們同時存在，而不是接續發生的。死亡不斷在生命表層之下騷動，而且對經驗和行為有巨大的影響。」〔註35〕死亡的議題，本來就為人生的終極對治，只有超升到禮教境土，人的死亡才是真正的安頓。荀子表達來自於人類潛意識的表達，它以正向的管道，將它的生命經驗傳達給人，向人們揭示著一個人類終極的理想，禮教的安立，具備敏銳覺察力的人性，才能瞭解此儒者積極作用，如羅洛云：「宛如一隻腳的足尖已踏在未來之境，讓人亟欲追隨他的腳步，向上走去。」〔註36〕此人性的真實，其以禮理心的合一，揭示著人死亡之生機。

四、禮儀運作與生死關懷

　　荀子禮儀運作強調養與分、重視情與文等種種原則，聖人制定了各種身分適合的禮節，君子以禮作為政治教化的方針，使百姓群分合居，故「有養有別」、「情文俱盡」（〈禮論〉）即為倫理社會最高的展現，這一思路和先秦諸儒是一致，其目的都是為了正理平治使社會群居合一。這一禮的宗教世界，是不能只從外在客觀世界分門別類，而是具有禮與人的特殊連結，海德格稱這是「此有的存在性徵」，即「周遭世界之建立，基有此有的一個存有學結構」因此如果「用具」觀念來說明禮儀的運作，以禮連繫另一個禮、禮指向某一相應的意義、建構全人們的生活乃至生死的關懷，乃可說明荀子禮的運作及性格〔註37〕，也從而構築禮樂文化的宗教視域。

〔註34〕李瑞全：〈從儒家之終極關懷論生命倫理學之方向〉《應用倫理研究通訊》，第37期2006年2月，頁61。

〔註35〕歐文・亞隆（Irvin D. Yalom）著，易之新譯：《存在心理治療》上冊（台北：張老師文化，2011年3月），頁63。

〔註36〕羅洛・梅著，彭仁郁譯：《愛與意志》（台北：立緒出版社，2010年3月），頁15。

〔註37〕以上海德格觀點，參見陳榮華：《海德格存有與時間闡釋》（台北：臺大出版中心，2012年2月），頁56。

（一）禮來連繫另一禮。易經〈觀〉卦說：「聖人以神道設教，而天下服矣」，這裡的「教」，就是宗教之「教」，其目的在於上施下效，使天下人民，效法服從，而瞭解神聖的「神明」，故荀子乃設禮為教，並建立其禮教世界。

荀子以禮為教是禮與禮相互連繫的建構，其實早具有工具性、意義性、世界性的作用。如海德格「用具」間的關係，而藉此說明用具與存有的統一性，說明即當用具是用具時，它早已被關連到另一用具，這種關連的方式是「以一指向到另一物去」這就是指向的意義，稱之為「指向性」（Bewandtnis,involvement）〔註38〕。這裡所說的物，其實不是一個東西或實體，而是此物的用途或用具功能，更重要的是由於它有某種延續下去的方式，所以指向性的意義是「一種用途指向到另一種用途」，並且由於當時有一物具有此用途，故它不是別物，而是此物。以荀子禮的分類，以聖人經驗的累積，是一禮的養別作用，能展開一種禮之存在觀點來理解，當荀子以禮要有養、有別時，如云：「君子既得其養，又好其別。曷謂別？曰：貴賤有等，長幼有差，貧富輕重皆有稱者也。」（〈禮論〉）故作為禮治之「用具」而制定出來時，這就可以開創出一系列的連結，而指向性就是荀子的有養有別。如宗廟之禮、祭禮、喪禮乃是一連繫性的禮儀開展，如云：

> 故天子大路越席，所以養體也；側載睪芷，所以養鼻也；前有錯衡，所以養目也；和鸞之聲，步中武象，趨中韶護，所以養耳也；龍旗九斿，所以養信也；寢兕持虎，蛟韅、絲末、彌龍，所以養威也。郊止乎天子，而社止於諸侯，道及士大夫，所以別尊者事尊，卑者事卑，宜大者巨，宜小者小也。
>
> 故有天下者事七世，有一國者事五世，有五乘之地者事三世，有三乘之地者事二世，持手而食者不得立宗廟，所以別積厚。（〈禮論〉，頁751～752）

這裡舉天子的養之說明，亦可以類推到諸侯、大夫等的差別的觀念。從祭祀之禮來看，天子之禮又別有與諸侯、士大夫、庶民等不同身分的禮，郊禮指向了社禮、道禮、禪禮的不同；事廟多少也有不同，天子七廟、以下三廟、二

〔註38〕陳榮華：「海德格曾認為，用具是互相關連的，而且是在用途上的『為了……』和『圍繞而往著另一用具』這個性格關連起來的。」《海德格存有與時間闡釋》，頁56。然而這裡，荀子「禮」的「指向性」，除了可以做為另一用具之禮的連結之外，這是基本精神的相同；但荀子可以開創出形上的人文價值，這就是東西方思想差異之處。

廟、不得立廟等規定，這尊卑大小之不同而有所差異。

又從養別觀點指向到「祭禮」的運用，開創出貴本的禮情，以及分別親疏貴賤之儀，故皆合於稱有養有別的指向原則，如云：「先祖者，類之本」，祭禮除了表示對被祭祀者的情誼之外，也需配合祭祀者的實際需要，如言：

> 大饗〔註39〕，尚玄尊，俎生魚，先大羹，貴食飲之本也。饗，尚玄尊而用酒醴，先黍稷而飯稻粱。祭，齊大羹而飽庶羞，貴本而親用也。貴本之謂文，親用之謂理，兩者合而成文，以歸大一，夫是之謂大隆。（〈禮論〉，頁758）

「大饗」，是指祭祀先王的禮儀規範，尊重原始先祖的飲食習慣，形成的祭祀儀式，而「饗祭」、「月祭」祭祀的東西又有不同，而次序也不同，如「大饗，尚玄尊，俎生魚，先大羹」等祭祀方面的不同，除了尊重原始先祖的飲食習慣之外，又合乎祭祀者實際的享用〔註40〕。又如祭禮又分有：郊祭、祈穀祭、大雩祭、祭寒暑、祭日月、祭星辰等。地祇之禮分有社祭、祭山川、祭五祀、臘祭等。鬼神系統分有宗廟之祭、祭祖先等。故荀子以禮的精神連繫到每一個上下關係、先後次序的不同，建構了禮學的指向性之連續觀。

（二）禮理的生活關懷。荀子對於現實的了解，崇拜先王高尚的品德並不足以應付現實社會的各種問題，在現實生活中，尚且需要客觀明確的制度規範才能使一切運作上軌道。故其言禮義之統，言統類，其目的是在於經國定分、化成天下，故必然要落實於現實的政治狀況，乃能收到功效。而其辨、分、群等概念，就是對禮義之統的實質的運作，及其對人民的終極關懷。蕭公權說：「中國文化與社會之產物，而同時為二者不可割離之部分。吾人如欲徹底暸解中國之文化與社會，自不得不研究中國之政治思想。」〔註41〕先王用禮來融攝了理，讓人生活在禮理中，一切人文意義也因禮而充實飽滿，從而建構了禮樂文化的世界。荀子的禮理意義則表現在稱情立文、內外修飾、合情合宜的層面上：

1. 稱情立文。聖人用制定的禮，來滿足人們的情緒的抒懷，並使哀傷可

〔註39〕李滌生註：「大饗，祫祭先王，三年一次。祫祭、合祭先祖親疏遠近也。」《荀子集釋》（台北：臺灣學生書局，2000年3月），頁424。

〔註40〕李滌生引《大戴記補注》云：「玄酒、黍稷是貴本；酒醴、稻粱、庶饈味美，故親用。」《荀子集釋》（台北：臺灣學生書局，2000年3月），頁425。

〔註41〕蕭公權：《中國政治思想史》上冊（台北：聯經出版，1982年6月），頁3。

以達到輔導化解，這種「緣於周遭世界中之物能滿足它」〔註42〕，便是達到「讓之在」（sein lassen, letting be）效用。於是聖人制禮之後，世界得以滿足它，這種讓禮存在的需要，更因為它又同時可以指向性地開創出人倫的精神。如云：

> 凡禮，始乎梲，成乎文，終乎悅校。故至備，情文俱盡；其次，情文代勝；其下復情以歸大一也。
>
> 天地以合，日月以明，四時以序，星辰以行，江河以流，萬物以昌，好惡以節，喜怒以當，以為下則順，以為上則明，萬變不亂，貳之則喪也。（〈禮論〉，頁758）

讓人倫間經由禮的體認，而更深知這種禮理關係的不可分離性，如使父子無義的情況不致發生；更由於人面對至親的生命現象，人之性情根據皆能自然地發乎情、止乎禮，故云：「稱情立文」，即是世界呈現出人們必須以禮而合理地存在。

　　2. 內外修飾。荀子禮教的運用正如人們對禮的需求，有一種確定性，讓禮的宇宙世界給予讓之在的充滿，因而人也能因此體認禮的不可或缺。當喪葬之禮時，人以禮敬穆之節和情感之美來進行時，以禮文之美，對外在的節文儀式，能夠修飾人行為舉止的作用；以敬恭之情，是對內在的精神涵義，表示禮擁有抒發、傳達人內心情感的功能，而能作為外在飾容的表達。又云：

> 故說豫娩澤、憂戚萃惡，是吉凶憂愉之情發於顏色者也。歌謠謸笑、哭泣諦號，是吉凶憂愉之情發於聲音者也。芻豢、稻梁、酒醴，餰鬻、魚肉、菽藿、酒漿，是吉凶憂愉之情發於食飲者也。卑絻、黼黻、文織，資麤、衰絰、菲繐、菅屨，是吉凶憂愉之情發於衣服者也。疏房、檖貌、越席、牀第、几筵，屬茨、倚廬、席薪、枕塊，是吉凶憂愉之情發於居處者也。兩情者，人生固有端焉。（〈禮論〉）

楊倞注：「以『說』應讀作『悅』之說。」說豫、娩澤、憂戚、萃惡都是表現在臉上的情感表現方式。歌謠、謸笑、哭泣、諦號是四種聲音，用以說明人透過不同的聲音，表達吉、凶、憂、愉之情。根據王念孫的注解：「芻豢、稻梁、酒醴、餰鬻四者，是人在有吉事之飲食也；魚肉、菽藿、酒漿，凶事之飲食也。」故人遇到凶事所食用的飲食，人藉由不一樣的飲食方式，來傳遞內

〔註42〕陳榮華：《海德格存有與時間闡釋》（台北：臺大出版中心，2012年2月），頁58。

心的哀樂憂愉之情。〔註43〕

3. 合情合宜的禮敬。因此，禮的實行要合情合宜，而「敬」即為禮制定的原則。又說：「禮之敬文也。」（〈勸學〉）可知禮可以使人表達恭敬、謹慎、嚴肅的心意〔註44〕。敬文，意思是指禮文的產生是在使人「敬」的情意得以適當，是一種內外情文的適切表達方式，即子曰：「文質彬彬，然後君子。」（〈雍也〉）荀子將禮作為「敬」的外在形式，是一種下上的情文規範；視「敬」為禮的內在歸約的精神，即是一種內外的情文規範，所以又云：

> 故鐘鼓管磬，琴瑟竽笙，韶夏護武，汋桓箾簡象，〔註45〕是君子
> 之所以為惝詭其所喜樂之文也。齊衰、苴杖、居廬、食粥、席薪、
> 枕塊，是君子之所以為惝詭其所哀痛之文也。師旅有制，刑法有
> 等，莫不稱罪，是君子之所以為惝詭其所敦惡之文也。（〈禮論〉，
> 頁 802）〔註46〕

荀子〈禮論〉中略述了喪祭禮儀及其情志之說明，如鐘鼓管磬、琴瑟竽笙、韶夏護武、汋桓箾簡象四者，都是用來抒發內心喜悅之情。齊衰、苴杖、居廬、食粥、席薪、枕塊，則是用來表達內心哀痛之情。師旅的禮制、刑罰的等差，都是與有罪之人的罪行相應相當，這是君子用來傳達賞善罰惡的禮儀。

荀子以人從顏色、聲音、食飲、衣服、居處等，都是可以表現內在情感的方式；而人的吉凶憂愉之情就是禮敬之情，此兩種內外合宜為是禮儀，正

〔註43〕李滌生：認為「卑絻、黼黻、文織三者，是人有吉事所穿著的服飾；則資麤、衰絰、菲總、菅屨四者，是人發生凶事所穿著的服飾。」296 人藉由服飾的不同，來表達內心的吉凶憂愉之情。李滌生認為，疏房、檖、越席、牀第、几筵五者，是人有吉事時所居住的空間，屬茨、倚廬、席薪、枕塊，是人有凶事時所居住的空間。」李滌生：《荀子集釋》（台北：臺灣學生書局，2000 年3 月），頁 439。

〔註44〕梁啟雄《荀子簡釋》引用《國語・周語》與《說文》，認為「敬」字的解釋為：《國語・周語》：「夫敬，文之恭也。」《說文》：「敬，肅也。」敬，謂貌恭、慎心、肅警也。（台北：木鐸出版社，1982 年），頁 8。

〔註45〕李滌生註：「韶、舜樂。夏，禹樂。護同濩，湯樂。武、汋、桓，皆周頌篇名，箾、象，文王樂。言鐘鼓韶夏之屬，是君子為喜悅的事物所感動，而用以表達其喜悅之情。」《荀子集釋》（台北：臺灣學生書局，2000 年3 月），頁 452。

〔註46〕王天海註：「武，《詩・周頌》序曰：『周公頌武王克商之功，作大武之樂』。汋，《毛詩・周頌》作酌，序曰：『頌武王能酌取先祖之道以養民』。桓，《詩・周頌》序：『周成王祀武王於明堂』。簡字衍。箾，當在『象』下，依《左傳》作『象箾』。《荀子校釋》（上海：上海古籍出版社，2009 年10 月），頁 806～807。

是禮理的連繫性。禮在荀子的思想中，是由聖人所制定而成，一方面是作為君子行為規範的準則，一方面則是讓君子的情緒有合宜的抒發方式，更成為君子行為修養的準繩。以下則說明禮的

　　（三）面對死亡的安頓。「喪禮」是直接面死者的禮儀，死亡是人情之哀痛不可避免，為了哀痛有所舒發以及哀痛不致於傷到人之生，所以制定適合的喪禮，這喪禮做為人外在行為的表達，使人人的情感抒發都能指向文情合宜，以養別的指向觀點，即是養是感官之情的舒發、別是別此外在之文的飾用。如云：

> 三年之喪何也？曰：稱情而立文，因以飾群別、親疏、貴賤之節，而不可益損也，故曰：無適不易之術也。創巨者其日久，痛甚者其癒遲，三年之喪，稱情而立文，所以為至痛極也。（〈禮論〉，頁795）

謂「三年之喪」的制定原則，是依照人倫心情哀傷之情，有輕重的不同，訂立出喪服時間長短不一的禮文。透過「喪禮」時間之長短，表明親屬的關係遠近不同，分別親疏、尊賤的差異，故喪期是不可任意增減的。在討論荀子禮學的養與別的演進之前，一定要先明白荀子如何論述禮文與人情的關係，唯有了解文之中的人情表現，才能明白禮情的深邃義涵。人之生，與人之死，是人一生之中最重要的兩個階段。因此，在生命誕生時的喜悅之情，與在生命隕落的悲傷之慟，荀子認為禮制定時，最初與最終的關懷，即是人在面對生死時的行為表現，此即謂：

> 卒禮者，以生者飾死者也，大象其生也送其死也。故如死如生，如亡如存，終始一也。（〈禮論〉，頁786）

當一個人從生命的最初，走到生命的最後都能謹守禮的規範，即是完整的體現禮義人道，此即荀子知道當人面對生死之際，人之性情皆能發乎情，止乎禮，即是以禮飾身，以身踐禮的表現。禮文的制定即在本乎人情的抒發，故蔡仁厚表示：「荀子對於構造群體（客體）的禮憲特別加以重視，正表示他具有客觀精神。」這樣精神能為儒學開創對外王的實質供獻，為社會人民符應其需要，這禮的建構符合人類的需求，即讓禮成為存在的意義。

第四節　荀子禮教境土的建構

　　儒家是一兼具超越意義的教理教派，雖然是以哲理為主要精神，但對生

命的終極意義也有其一貫的陳述。李瑞全說：「儒家的義理，生命之終極意義是表現人之為人的價值，這即是道德的表現。但人之生命與現實的環境也有相逆相順的情況，而常不能如人之所願，對於人之道德實踐，現實之回報也常不如理，有德者不一定有福，有福者更不一定有德，此所謂德福不一致的遺憾和問題。」〔註 47〕如果將這樣的觀點運用在荀子的禮教上，聖人是為眾人而存在，前聖如此，後聖也是如此，祂們的出世就是為了關懷到世人一切的安頓，這也是荀子的終極用心。

一、禮教做為一種終極關懷

宗教是從生命本質的永恆性來確立道德的信念與行為，顯示出宗教與道德有著同源共生的關係。從社會現象來分析，有世俗道德與宗教道德的不同，世俗社會通用的道德與宗教的聖化道德不同，指出世俗道德只用來調節人際間人與人的現實關係，不必存在著人與終極實的超越關係，但劉易齋認為：「這樣的區分是窄化了世俗道德與宗教道德的範疇，也窄化了道德與宗教的範疇。實際上道德與宗教是有相當高的重疊成分，要確認世俗道德與宗教道德的分際是不易的。」〔註 48〕故世俗道德能成為普遍的生存法則必然本之於人性的本質，而且意識到人與宇宙統合的精神活，還是存在著廣義的終極依據。

就此觀點荀子的禮教秩序還是具有終極實體的依賴──天。學者潘顯一認為：「道德與宗教都是要將人性朝向至善、潔淨、神聖、得救等境土的轉化。」〔註 49〕這樣的轉化，可以說是就是一種「終極關懷」的儒者情操，這詞的思想也符合宗教關懷，故學者田立克（Paul Johannes Tillich，1886～1965）提出：

> 宗教關懷就是終極關懷，它從終極的重大意義摒除所有其他關懷，
> 使其他關懷成為附屬的準備者。終極關懷是不受制約的，不依附於
> 性格、慾望或環境的任何狀態條件。此一無限制的關懷是整體底，
> 吾人本身或吾人世界的任何部份，都不能自這整體除脫，也無「地」

〔註47〕李瑞全：〈從儒家之終極關懷論生命倫理學之方向〉《應用倫理研究通訊》，第37 期，2006 年 2 月，頁 57。

〔註48〕劉易齋：《生命教育》，頁 83。

〔註49〕潘顯一、冉昌光主編：《宗教與文明》（成都：四川人民出版社，1999 年 5 月），頁 278。

可自它逃避。〔註50〕

田立克開宗明義點出了「宗教關懷」就是「終極關懷」，他在宣稱：「終極關懷，這準則是從神學系統的具體資料抽象得來的，所以是形式底，它不能是一種特定的客體，甚至是上帝也不是。」又云：「人們將錯誤的對象視為其終極的關懷，將有限性的視為無限而成為其終極關懷的對象，終將感到失望，甚至導致人格的崩潰，因為我們終極關懷的對象應是無限的，人有限的心必須要找到無限才能得到安息，在無限中，人的心才能得到滿足。」〔註51〕由此，終極關懷是可以普遍適用於各宗教，同時也成為宗教的重要特色之一。荀子期望人能盡倫盡制，以兩盡足者，才是天下極矣，如云：

> 故學也者，固學止之也。惡乎止之？曰：止諸至足。曷謂至足？曰：
> 聖王。聖也者，盡倫者也；王也者，盡制者也；兩盡者，足以為天
> 下極矣。故學者以聖王為師，案以聖王之制為法，法其法以求其統
> 類，以務象效其人。嚮是而務，士也；類是而幾，君子也；知之，
> 聖人也。（〈解蔽〉，頁872）

盡倫盡制的原理原則，乃是徹底掌握禮義宗教模式的具體規範。就現實世界的人文社會著眼，荀子的說法很符合以宗教教化的原理，以盡倫盡制乃為人生的崇高理想，「嚮是而務」是士的位階；「類是而幾」，屬於君子層次；「知之」，乃是聖人的境界。藉由人們在盡倫盡制的修養程度上，又可以將之區別出不同的修行等第，這是意味著修養工夫並非一蹴可及，代表著一種持續積累的工夫，所以荀子強調跬步以千里、積小流以成大海的精神。

當人人的精神生命層次修養不同，境界也就有所區別，因應人各自工夫，以最為基礎的道修行為入手，不斷從禮理與生命教育的啟發，讓人提昇靈感層次，從而超越苦難的宗教體驗，以聖人的境界，能與終極實體的「天」，相互參融。

二、禮教的世界性開展

自古以來有關禮的說明記載頗多，如《國語》、《左傳》、《禮記》、《論語》、《孟子》等記述，大多僅限於個人的言行與儀軌，而國家的制度以

〔註50〕保羅‧田立克對「終極關懷」之定義，參考氏著，羅鶴年譯：《信仰的能力》
　　　　（台南：教會公報，1999年），頁17～21。
〔註51〕保羅‧田立克：《信仰的能力》，頁11。

訂定的冠、昏、祭、喪、聘、射、燕饗等禮儀，也都偏於狹窄的定義，但是荀子讓情文關係充分展現，擴大了禮的存在價值，從上一節說明，人情的需要以「指向性」符合人類需要多元化的禮，在在說明聖人制理，使得世界也讓禮充足其效用，故李哲賢說：「及荀子禮之領域始擴展至於極致，而為人文世界之一切規範。」〔註52〕荀子對各種禮節的看法，認為都要合情合理，以具備禮義之道的價值，從「禮」的制定即在本乎人情的抒發，滿足人性的需要，開創出人文的意義，這種意義建立出一種世界觀，是人本關懷的「世界性」建構〔註53〕。

荀子禮教以所面對的就是天下以及未來的蒼生來設立，故他的視野所架構出來的禮，也是屬於宇宙性的。從上一節的海德格理論來看，世界之所以能呈現為在，是由於「以一物指向到另一物」和「緣於它的周遭世界能滿足它」基於這兩個結構才能成為「世界性」（Weltlichkeit, worldhood）之在。〔註54〕海德格發現這兩個結構的組織相當複雜，它們的性格是給出意義性（significance），所以「海德格討論世界性時，他不僅是要指出世界的基本結構，他更進一步指出，這個結構在此有的存在中，世界性負起給出意義的任務」〔註55〕當此有來到這裡時，它已經具有這兩個存有學結構了，它總是瞭解它是在世存有，也瞭解它的世界是周遭世界，而其中的存有者是用具，這兩個結構給出了此有的「在世存有」的意義、周遭世界和用具的意義，這就是所謂的「世界性」的定義。然反觀到荀子也有這樣的理序，其依此建立禮教境土，以死亡的超越觀照，進而從世界性到宇宙性，蓋其對人民的終極關懷為依歸，安頓了人們生死的問題、以及建立永恆性的禮教境土。如云：

> 故文飾、麤惡、聲樂、哭泣、恬愉、憂戚，是反也，然而禮兼而用
> 之，時舉而代御。故文飾、聲樂、恬愉，所以持平奉吉也；麤衰、

〔註52〕李哲賢：《荀子之核心思想》（台北：文津出版社，1994 年 8 月），頁 158。

〔註53〕海德格對「世界性」認為：「世界中的存有者之所以具有意義，不是由於他們本身擁有某種特質，而是由於它們在某種關係上。世界性是一個由各種關係所構成的體系，這個體系的組織給出意義。」陳榮華：《海德格存有與時間闡釋》（台北：臺大出版中心，2012 年 2 月），頁 61。荀子已然用「禮」作為架構整個天下觀所示之意義，實可謂異曲同功。

〔註54〕陳榮華：《海德格存有與時間闡釋》（台北：臺大出版中心，2012 年 2 月），頁 59。

〔註55〕陳榮華：《海德格存有與時間闡釋》（台北：臺大出版中心，2012 年 2 月），頁 60。

哭泣、憂戚，所以持險奉凶也。故其立文飾也，不至於窕冶；其立
麤衰〔註56〕也，不至於瘠棄；其立聲樂、恬愉也，不至於流淫惰慢；
其立哭泣、哀戚也，不至於隘懾傷生；是禮之中流也。（〈禮論〉，頁
779）

如喪禮之「文飾麤惡」、「聲樂哭泣」與「恬愉憂戚」等，是說明生者如何表達
對死者的情感，以「文飾」、「聲樂」與「恬愉」的形式，乃是把死者當作是生
者時，進行悅樂的吉禮，「麤惡」、「哭泣」與「憂戚」則是生者對於死者，進
行哀傷的凶禮，兩種吉凶相反的禮文形式在喪禮進行中，相互交替兼而為用，
使得喪禮的進行，對於死者的文飾，不會流於妖冶美蕩，對於制立之粗惡，
不致導致羸瘠自毀，對於進行時的聲樂恬愉，不產生流淫惰慢的情況，對於
生者表達哭泣哀戚之情，不過度窮戚哀傷，這就是禮義之中道，屬於禮的情
文原則。

　　在社會中，當各種禮的存在方式，可以用一禮指向到另一禮時，這是因
為時代的需求能提供一個狀態來滿足它。無論是使用或認識，禮成為實際存
在，除了情文的表達之外，它也提供了一種生活意義。故「根據海德格，在看
存有者時，人必須要有預設，並且只有當預設一致於存有者時，才能瞭解存
有者的意義。」〔註57〕依此理論，說明禮被制定時，人們已經有了共識的預
設，那是一種人們情文的理性根據，這是基於天地、先祖與君師三個本原，
而這個預設就是讓這個禮賦予意義，是荀子讓禮對世界成為價值存在，於是
禮的精神可以無限的綿延。

　　從禮的指向性、讓之在乃開出其「世界性」，更說明荀子禮的種類及原則，
以養別、情文、世界觀，成就禮教境土的建構。如果把「文化與社會」，實質
的理解為「物質與精神」，如此者宗教思想，恰好介於物質與精神之間，既不
能脫離物質生活，也不能沒有精神生活，故宗教與之保持一定的距離，具有
抽象性與概括性。然而，宗教思想是附著於思想者身上的，可以說「為政在

〔註56〕李滌生註：「麤衰，改為麤惡。險，請喪時。言粗惡、哭泣、憂戚、是生者用
　　　　以奉行喪時凶禮的。」《荀子集釋》（台北：臺灣學生書局，2000 年 3 月），
　　　　頁 437。王天海引鍾泰曰：「持，猶奉也。持、奉互文。」天海案云：「衰，當
　　　　從上文作『惡』，下文同此。『哭』字，諸本作『哀』，非也。持、奉互文也，
　　　　鍾說是。」《荀子校釋》（上海：上海古籍出版社，2009 年 10 月），頁 782。
〔註57〕陳榮華：《海德格存有與時間闡釋》（台北：臺大出版中心，2012 年 2 月），
　　　　頁 58。

人」，可知政治的運作，與宗教有絕對的關係，由先王創造並沿襲下來，以便後來者參考修正，這也是荀子依聖立教的原理原則。

三、禮教的宇宙觀開展

蓋荀子以理禮的透識，察覺到人們對生命中的欲望和本質，人們方可能真正自在地活在當下。其荀子的宗教教育觀，乃「著重在生命智慧培養與生命意義的顯揚，是建構在生命主體的自覺上，以生命為根，對人的生命存在進行自覺的啟與價值的開展。」〔註58〕用這樣的定義來看禮從世界性到宇宙觀視野，我們也可能得出，荀子的禮世界性不但是擴大前人的禮學範疇而其要不斷給出禮的實用價值，並且拉高其層次，接續到人天與宇宙的關係，從而建構了禮教的宇宙觀。故云：

> 故先王聖人，安為之立中制節，一使足以成文理，則舍之矣。然則何以分之？曰：至親以期斷。是何也？曰：天地則已易矣，四時則已遍矣，其在宇中者莫不更始矣，故先王案以此象之也。（〈禮論〉，頁796）

先王體察人情之中道，有禮有節，禮適可而止卻可以放諸宇宙，使之情是藏於內，文是顯於外，故人天內外一致，乃符合於禮義的宗教觀。故云：「禮者，本末相順，終始相應。」（〈大略〉）使得禮的意義才得以完備。故荀子禮的生命教育是「以禮宇宙觀作為安頓生命的價值與主體自覺的理據。」〔註59〕這是對禮教世界的天人連繫，以做為禮宇宙觀的模型。

荀子認為，唯有透過重新解構禮的世界，標舉養別之旨、提倡情文融攝，才能撥亂為正建立新的禮宇宙觀，以及生命的終極安頓。從傳統時代到荀子的時代，此時的禮學發展，漸漸朝向「禮的新觀念」之發展，禮之義涵有法重大的轉變，荀子正是大刀闊斧，將儒家之禮學邁向新的里程。

荀子改變了傳統的禮教觀點，並擴大了禮的範疇，「荀子隆禮之主要目的，在於成就治道，亦即在於達致社會之安定與和諧。……其禮之外圍及效

〔註58〕陳福濱：《生命教育的理論與實務》（台北：寰宇出版社，2000年11月），23頁。

〔註59〕伍振勳說：「所用的『宇宙觀』一詞，乃是著眼於人的價值意識與主體自覺，亦即價值論的宇宙觀。」參見，伍振勳：《語言、社會與歷史意識──荀子思想探義》，收入林慶彰主編：《中國學術思想研究輯刊》（台北：花木蘭文化出版社，2009年9月），六編，第四冊，頁3。

用，不僅較其前人之所及為廣大，且其範圍為要之所涵，其效用與社會學之觀點不侔而合。」〔註60〕從養別、情文作為聖王制禮的出發點，人能透過禮調和上與下、內與外之間的關係，從而開出天人相分的立體世界，將禮的種類括及人類生活中的一切事物，成為維繫天下宇宙秩序的原則。

禮的宇宙觀是從天到人的完成，故荀子說：「故天地生君子，君子理天地；君子者，天地之參也，萬物之摠也，民之父母也。」（〈王制〉）當禮成立於這個世界，它是有限制的，它只能有某些意義，不能任意給出意義，這是因為意義限制了它，它無法限制意義，但當賦予人類生活世界時，是一個由各種關係所構成的體系，這個體系的組織給出意義，故不是由於有了實體才有關係，而是由於先有關係才有實體，故「關係先於實體」〔註61〕，正是用來說明荀子的禮教境土，並不是從禮學來規定人人之間關係，而是從聖人、人民需求、禮制、到世界、宇宙之間的關係來建立，然後確立禮義之道，從而建立「禮教境土」。

第五節　荀子的宗教向度與終極關懷對生命教育的啟示

宗教不同於其他文明的教化，最大的特點在於其獨特的根本真理的體驗，這種宗教體驗不屬於實際事實與否的探討，也不屬於思維邏輯或科學考察的課題，是直接訴諸於體驗者對於神聖存在的主觀經驗與體悟，是跳脫客觀形式的體驗標準。故宗教是屬於神聖理念與崇拜，一般人所謂的宗教其實就是一種信仰，是對神秘現象的解釋，通常包括信仰心態、儀式的遵從，其中必須有一種標準，以符合人性良知作為精神、心靈的修為。

對「宗教」之定義云：「宗教是對於終極世界的信仰，包含經驗神聖、覺悟真理與遵守誡命，因而對於暫留世界，具有認知、生存與整合功能。」〔註62〕宗教是人類生活的向上承仰，以肯認人與超越於人的境界之間存在著某種關係，因而承認在人一面，負有一些任務，故房志榮云：「按照這個廣泛的定義，無論是迷信或真正的信仰，無論崇邪神或恭敬真神，又無論是多神教或

〔註60〕李哲賢：《荀子之核心思想》（台北：文津出版社，1994 年 8 月），頁 159。

〔註61〕陳榮華：《海德格存有與時間闡釋》（台北：臺大出版中心，2012 年 2 月），頁 61。

〔註62〕房志榮編：《宗教與人生》上冊（台北：國立空中大學，1988 年 11 月），頁 19。

一神教，都可稱為宗教」〔註63〕。故以廣義而可言，宗教範疇乃包括了原始的傳統、神聖的信物經籍、傳說或神話，還有個人的屬靈的理念與經歷，約翰‧哈伍德‧希克（Jone Harwood Hick，1922～2012）說：「對於宗教仍存在著許多綜論性的詮釋」〔註64〕。又觀《辭海》釋「宗教」云：「有所宗以為教。其起源，論者不一；有謂生於人類恐怖之心理者；有謂由於古代人不知生物與非生物之別，而遂對於萬有皆有尊敬之者。」〔註65〕可知「宗教」一義解釋空間甚廣，以有所宗為教，這是世俗比較廣泛的運用。

觀中國古代的典籍中無「宗教」一詞來看，凡有所宗者皆可以為教，由於「宗」和「教」自古兩字早已獨立存在，而且就含有「宗教」的意義，直到日本人將「宗教」一詞合併創譯，而有更明確的視域〔註66〕。房志榮則認為：以論定真理，規誡和禮儀，是宗教上不可缺少的三種因素，似可以掌握的方向，如云：

一、人是有宗教性的有靈動物，人的理智，對於「至上神」的本體及敬神的天職和方法，應該瞭解，而瞭解的對象是「真理」，所以「真理」是宗上的第一要素。

二、人的意志，主發行為，一切行為都有目的。造物主是人生全部行為的終向，但要達到這個終向，必須遵守造物主的誡命，所以誡命是宗教上的第二要素。

三、人認識了「至上神」的尊嚴和偉大，並認清了自己的渺小和脆弱以後，心中便油然生一些敬畏，感謝，仰賴，祈禱等情緒。心中一有了這些情緒，便情不自禁地要表達出來，因為存於中而形於外，原是自然之理，而宗教禮儀，是表達宗教認識和宗教情緒的工具，所以禮儀是宗教上的第三要素。〔註67〕

〔註63〕房志榮編：《宗教與人生》上冊（台北：國立空中大學，1988 年 11 月），頁21。

〔註64〕約翰‧哈伍德‧希克：「通常這些詮釋如果不是自然主義的，就是宗教的。自然主義的詮釋將宗教視為純粹的人類現象；宗教的詮釋則源於某一特定宗派的個念，以自己的觀點來解釋所有其他的宗教傳統。」《宗教之詮釋——人對超越的回應》（台北：聯經出版社，2013 年 9 月），頁 63。

〔註65〕熊鈍主編：《辭海》上冊（台北：臺灣中華書局，1980 年），頁 1406。

〔註66〕釋聖嚴：《比較宗教學》（台北：中華書局，1968 年 6 月），頁 2。

〔註67〕房志榮編：《宗教與人生》上冊（台北，國立空中大學，1988 年 11 月），頁22。

　　這三種要素，包括了人的理智，意志及五官的全部活動，以及終極實體的肯認，是宗教定義上所不可或缺的，如果一個宗教，缺少了三種要素中之某一種，就不能稱為宗教。但是中國宗教較重視人生命主體面對終極實體時自我覺醒的心靈力量，理解到人的精神心靈是相通於宇宙的，人自身就具有相通於靈體的自我實現能力，可以經由心靈修養的管道與方法，將人提昇到終極實體的生命境界。

　　從上古時代的人民對於「天」〔註68〕渺茫難知，無不藉由「巫」的宗教認知，以呼應天的現象自孔子《論語・公冶長》提到子貢曾發出「夫子之言性與天道，不可得而聞也」的慨嘆，〈子罕〉又說到：「子罕言利，與命，與仁」。若僅就此二段記述字面上的意思來看，孔子言「天道」既不可得而聞，亦罕言「性」、「命」，〔註69〕這將天道人性的論題看成一統貫關係，王祥齡則認為：「人類思想的發展有其基本方向，從早期民智未開命運的必然，走向倫理的必然，進而在走向理性的必然。中國哲學的發展亦復如此，從早期殷商時代崇信天命（人格神）的超自然力，發展到周代天命靡常，惟德是輔，克盡人倫的道德天，後由孔、孟所繼承，繼而荀子開天闢地的將天道與人事二分，走向絕對的人為制道的理性思維。」〔註70〕然而從天生人成的觀點來看，荀子並不是割裂了天人關係，而是將天不能完成的事，教給人繼續去完成，荀子對宗教觀生命教育的啟示而言，可以歸納如下：

〔註68〕馮友蘭云：「在中國文字中，所謂天有五義：物質之天，即與地相對之天。曰主宰之天，即所謂皇天上帝，有人格的天帝。曰運命之天，乃指人生中吾人所無奈何者，如《孟子》所謂：「若夫成功則天也。」之天是也。曰自然之天，乃指自然之運行，如《荀子・天論》所說之天是也。曰義理之天，乃謂宇宙之最高原理，如《中庸》所說：「天命之謂性」之天也。」故馮氏概分為：物質之天、主宰之天、運命之天、自然之天、義理之天等五種，並將荀子說歸為自然之天。參見，馮友蘭：《中國哲學史》上冊（台北：臺灣商務印書館，2015年11月），頁50。又有學者認為：荀子的天，才是稱之為「義理之天」；而孟子的天，應歸之為「道德之天」。這是新儒家與新荀學不同的觀點。

〔註69〕朱子註云：「夫子之文章，日見乎外，固學者所共聞；至於性與天道，則夫子罕言之，而學者有不得聞者。蓋聖門教不躐等，子貢至是始得聞之，而歎其美也。」至於「子罕言利，與命，與仁」句，則引程頤之言曰：「計利則害義，命之理微，仁之道大，皆夫子所罕言也。」二處皆以孔子「少言」天道與人性為釋，歷代學者也多從此解。參見朱熹：《四書章句集註》（台北：鵝湖出版社，2008年），頁79、109。

〔註70〕王祥齡：〈論荀子禮法之法理思想〉《第三屆中國文哲之當代詮釋學術研討會會前論文集》，台北：國立臺北大學中國語文學系，2007年10月，頁233。

一、天到人的相續性

荀子的禮教如果當一宗教性來看待,就必須符合儒者的意義。從歷史的文明討論到對天的瞭解,必然要涉及於人的問題。自古天人關係是中國宗教思想一種相當突出的思維,一個思想家要解決天人的問題,最好的方法就是從歷史的脈絡發展,探討從中可以讓人類進步的方法,而荀子提出了天地生之、人與天地參之、明於天人之分等見解,以天對人所據有的一些神秘性的超越力量,以理性覺知建諸在人的生活與經驗法則之上,嘗試從人文之禮系統為人類打開新局。

從荀子的觀點來看,人不是完全依靠天而生存,天也不是完全主導人類的法則,更不是內在於心的先驗法則。荀子以禮教做為一宗教意義,乃在前人的理論上更加透徹,以人自主自能的理性觀察,提出天人的法則,是一種超越的進步思想,可以做為人文主義的宗教關懷,也屬於荀子人與宇宙關係的生命教育。

荀子從天人之分至天生人成,並開始樹立禮的生命之架構,如對天道觀的觀察,他演化出極為特出的視域,認為天乃指天地萬物等世間的一切,甚至可以包括人的身心狀態,其界意近似於今日所稱「自然」〔註71〕。然而荀子宗教向度,從自然性到社會性,認為人若不能自覺地走上君子之路,必然要往下墮落,荀子有責任要為人生提供一套標準,這是聖人「化性起偽」的理論,是「天地生之,聖人成之」的宗教性原則,故從天道、聖人、禮義等的連繫,成為宗教觀點的建構,人生對於生死問題的探討,也在聖人的禮儀關懷之中,於人的生活自然而然需要禮儀,這禮儀乃成了宗教生活的一部分,黃俊傑謂:「具體性的思維方式」〔註72〕故這樣的思維方式十分重現實性的思考,這一種合理性與現實性的直觀,故荀子的禮學可以是做為宗教意義的「禮教」。

〔註71〕參考陳大齊:《荀子學說》(台北:中國文化大學出版社,1989年5月),頁369~370。

〔註72〕黃俊傑「具體性思維方式」就是:「將抽象命題(尤其是倫理學或道德論的命題)置於具體而特殊的時空脈絡中,引用古聖先賢、歷史人物,或往事陳跡加以證明,以提升論證的說服力。」參見,黃俊傑:〈中國古代儒家歷史思維的方法及其運用〉《中國古代思維方式探索》(台北:正中書局,1996年11月),頁361。

二、作為日常生活軌道

　　荀子的觀察到人類為了生存必須獲取食、衣、住、行……等基本需要，當基本需要被滿足後，他更多的理想與欲望便開始蘊釀，形而上往天溯及的便是精神理想，形而下往物追求的就叫做物質慾望。牟宗三說：「儒教若當一宗教來看時，我們首先要問一宗教之責任或作用在那裡？宗教的責任有二：第一，它必須盡日常生活軌道的責任；第二，作為精神生活的途徑。」〔註73〕就這兩大方向而言，荀子禮教的宗教則更具系統理論。

　　禮教作為日常生活的軌道，就在禮樂與人倫。人處於「命」與「物」之間生活，就產生一套屬於人類社會的「遊戲規則」，做為教主的「聖人」將之稱為「綱常倫理」，如儒家以吉、凶、嘉、軍、賓之五禮以及君臣、父子、夫婦、兄弟、朋友等五倫，聖人立教能制作禮樂，躬身體道，非在空言。祂以照這套規則來教人生活，使人類彼此緊密需要、互依互存，成為一個和諧又溫暖的理想國度。禮理同源，這綱常倫理也不是人們刻意去訂出來的，荀子認為是聖人以此「道」為禮，故禮樂、倫常做為日常生活的軌道，乃是聖人知天、參天後所訂立出來的，人遵照此道而走，由近而遠，由卑而高，自然達於禮理之天。

三、作為精神生活的途徑

　　禮教除了為日常生活的軌道，盡了宗教的責任之外，教之所以能化，還有另一更重要的作用，牟宗三說：「宗教能啟發人的精神向上之機，指導精神生活的途徑。」〔註74〕以作為精神向上的接引，並指導人的精神生活，荀子禮教亦更顯出作為。

　　荀子的「道」把「理」視為人內在秩序，「禮」則是外在的客觀準則。荀子認為天不能導人以範，性又不具靈明的良知良能，是一自然存在，一旦順是人之性、人之情，就流於惡的可能，故人性不能自覺的做道德實踐，只有以外爍的禮，故聖人之偽的禮作為教育觀點的依據。

　　荀子以聖人積習而得智慧來理解客觀現象後，繼而修持積漸努力行善，故而行善成善之後，乃是在於後天「偽」的修持效果。這一「化性起偽」的可

〔註73〕牟宗三：《中國哲學的特質》（台北：臺灣學生書局，2009 年 12 月），頁 126　～128。

〔註74〕牟宗三：《中國哲學的特質》（台北：臺灣學生書局，2009 年 12 月），頁 128。

能性，都是在其積習、分義、統類等禮的本質中，荀子正好是從外向內，即非本性非善，所以才有「化性起偽」的必要性，禮的建立主張以禮矯飾人之性、導化人之情，用禮來規範人的各種行為，使人能從惡而善、從不完美到完美的狀態，從此便可達到正理平治的要求。

這種人生具體情境出發而進行的思考活動，是荀子從「對天道的理解」，而以「聖人的設教」，進而「禮儀的關懷模式」到「禮教境土的建構」的一總列宗教教育。他在思考過程中常常以「古與今」、「人與天」、「內與外」的融合進行，將不同意義的展現，又將己所主張的現在和未來的應然與過去歷史的實然結合為一，在應然的基礎上論述實然的事件。故蔡仁厚說：「其順孔子外王禮憲而發展，重視現實之組織，重視分與義，重視禮義之統，凡此都是客觀精神的表現。……這是荀子『隆禮義』所特別彰顯的一面。」〔註75〕禮義的產生就是一種文明的創造，是人類存在意義的開創，這就是荀子對於宗教觀的特色。

荀子宗教向度的特色有一種升進的、超越的特殊關懷，正如黑格爾所說：「哲學並不站在它的時代以外，它就是對它的時代的實質的知識。同樣，個人作為時代的產兒，更不是站在他的時代以外，他只是在他的特殊形成下表現這個時代的特色。」〔註76〕荀子正是主張天雖能生人，只有聖人能參之，利用天之生，將人成就為人，故荀子將宗教觀念與理性思維，置諸於時代的需求中，他以一種歷史背景下特殊之普遍真理，而建立了宗教面向的教育思想。

〔註75〕蔡仁厚：《孔孟荀哲學》（台北：臺灣學生書局，1999年9月），頁363。
〔註76〕黑格爾著，賀麟、王太慶譯：《哲學史講演錄》（北京：商務印書館，1959年12月）第1卷，頁56。

第七章 結 論

　　荀子是繼孔子、孟子以後最出色的儒者，對當時各家學派和思想都有所了解，又針對性地提出批判，並把當時各家思想的精要，注入其禮之中。同時，荀子還能與了當時一些執政者的對話，表達自己的思想，將其思想匯注於《荀子》一書中，對往後兩千多年的中國人社會產生了深遠的作用。一如黑格爾所說：「沒有人能夠真正地超出他的時代，正如沒有人能夠超出他的皮膚。」〔註1〕真理的提出都是有其時代性，而且又超出其時代，因為那是來自於歷史的淬練，承傳於永不改變的歷史真實，而對現實人生有著某種特殊的詮釋，從而也造就荀子思想的普遍性價值。在二千多年來，荀子思想互有褒貶揚抑的評論中，中國人仍不斷地受到其思想隱然的作用，不論在文化、生活、社會、教育等範圍中，歷來已無法將荀子思想自絕於正統的價值之外，而且對於荀子思想有著實際的接受與肯認。在全球化的現代，中國人傳統思維需要荀學的滋養，儒學正宗系統更需要荀學的支持，筆者有意提供一種荀學的研究文本，作為古今中外視域融合的詮釋，表達荀學「內聖外王」的實質作用，本文期待達到實質的效果，以闡顯荀子真正的呼聲。

第一節　仁禮生命的再實踐

　　荀子以禮做為生命教育之基礎，勢必要回應禮的價值依據及來源的問題。荀子以禮義出自聖人。聖人的地位固然有其歷史的重要性，不過荀子所引用的聖人，並未明指何人，而是以一抽象的概念存在，以其所德行之完備與推

〔註1〕黑格爾著，賀麟、王太慶譯：《哲學史講演錄》第1卷（北京：商務印書館，1959年12月），頁57。

動歷史、實踐人道、創造時代的層面來看，無法做為理論上解析的對象；因此聖人做為創造文明與歷史的英雄人物，聖人也是禮的發源依據與化性起偽的發動力量，這樣的建構方式乃是先否定了天的意志性、人性的根據而以外在之道德的權威來說，聖人事實上在荀子學說裡潛藏著無窮的意義，一種功能型的典範，可以做為儒者生命教育再實踐，歸納如下：

一、聖人生命的再現

孔子以「周監於二代，郁郁乎文哉。吾從周。」（〈八佾〉），以周朝繼夏、商兩代，由周文王、周武王所建立的朝代，是中國歷代最長久的王朝，到了周公參看了前兩朝的各項制度，並加以增加及刪減，達到中道的境地，這就是聖人的理想的教化。孟子以「孟子道性善，言必稱堯舜」（〈滕文公上〉）〔註2〕如實反映他的思想的主旨與內容，其以「三代之德」〔註3〕為內容的「聖賢傳統」，是孟子用以支撐、例證其學說主張的根據。荀子以「法先王」及「法後王」，來彰顯聖人的德教，其教育思想的歷史與時代的影響，已完全超脫出周文中「禮」的窠臼。

荀子生命教育思想中，以聖人所開出的「禮」，乃涵具著一種更深刻、複雜的內涵的關聯性，並未被後人既有的詮釋系統所窮盡。而有待於我們進一步的疏清。其特色有二，首先，「禮」不分貴族與百姓，均可一體適用，而且因為他所勾畫出來的「禮」具有政治身份的考量，卻沒有血緣身份的問題，所以不會有無其位卻需行其「禮」的後遺症。其次，由於「禮」不再受限於政治與宗族的雙軌模式，全然以政治為出發，無論中央或地方的政權如何更替，「禮」的合法與合理性的存在，社會的秩序也就不怕因權貴的變換而起嚴重的波瀾，大同世界的藍圖已然擘畫。其以「隱聖」之姿對聖人的生命精神完全承繼，實符合「聖人」的氣象。

二、兼攝雅俗情境

荀子在歷史性的意義下視禮由聖人之所生，歷史向來被視為有著必然性

〔註2〕朱熹：《四書章句集註》，台北，鵝湖出版社，2008 年，頁 251。
〔註3〕孟子曰：「我亦欲，正人心、息邪說、距詖行、放淫辭，以承三聖者；豈好辯哉？予不得已也。」同上註〈滕文公下〉，頁 273。司馬遷《史記·孟子荀卿列傳》：「孟軻乃述唐虞三代之德，是以所如者不合。退而與萬章之徒，序詩、書，述仲尼之意，作孟子七篇。」

與延續性的發展，儘管歷史不斷的變化，但在變化中實涵藏著一不變的原理、原則即是道，也是荀子所說的統類。荀子以統類為一切事物所共同依循的原則，當然也是禮義此一客觀規範的原理，因此「知通統類」，即為了解禮義的生成原理，是以聖人能知通統類，選擇符合時代環境之需求加以運用，以應變而萬物不失。從聖人的意義到統類的提出，荀子論禮的價值根源朝著二個向度的發揮，其中主觀的依據以聖人，客觀的依據則在禮義之統類上。

荀子不反對俗文學，甚至以俗文學創造做為教化訴求。禮的重要性，可以使一自然之人提升至人文的行列，從不完美到完美；也就是從野而雅化的保證，須靠禮的規範和調節。荀子以禮為人道之極、治辨之極，成聖成治皆由禮為保證，因此小至個人的行為大到社會的規範，均在禮的範圍之中，可見禮涵蓋的層面是雅俗兼攝。對生命的關懷，都是為了以禮治為目的而架構，舉凡生活、文學、文化到全人修養等方面，皆不離禮的概念，而自成其義，為其獨特的生命教育觀。

荀子生命教育主要是為了在人與人之間表情達意、分別貴賤上下等差異，因此荀子以為只要禮的功用能夠發揮，便可以維持社會體系之和諧和穩定，社會秩序能正理平治。禮可發揮的功能則有「明分合群」、「養人之欲」、「節用」。荀子的禮論另一大特色，便是確立了法律的地位，受到當時環境與其自身對人性的看法，雖然強調禮義有止亂的功能，但要防止或預防亂的發生和擴散，就必須要有「法」的強制性力量，因此由「性惡」的思路出發開出的一套禮法並用的制度。

三、客觀精神的開出

從歷來尊荀排荀雖各有論見，然到了清末時學者所提出的看法，有些不是荀學本身的問題，而是以因為政治立場的不同立論，如梁啟超雖附和康、譚之說，但是對於荀子所提積習、分義、符驗等問題亦持肯定態度。如清儒重考據之學，其所謂科學的方法，也是承自於荀子的觀點，如梁啟超云：

> 清儒之治學，純用歸納法，純用科學精神。此法此精神，果用何種程序始能表現耶？第一步，留心觀察事物，覷出某點某點有應特別注意之價值；第二步，既注意於一事項，則凡與某事項同類者或相關關係者，皆羅列比較以研究之；第三步，比較研究的結果，立出自己一種意見；第四步，根據此意見，更從正面旁面反面博求證據，

證據備則泐為定說，遇有力之反證則棄之。凡今世一切科學之成立，皆循此步驟，而清考證之家每立一說，亦必循此步驟也。〔註4〕

有質疑和批判的精神，才能看出真正意義上的科學，清季時一方面受到西潮的引響，一方面亦根源於荀子的學問之道。晚清時期西學的傳入，重視學術發展方法的要求等原因，而學者對諸子也產生了「以西釋子」〔註5〕的現象，如嚴復（1854～1921）在解釋『群』的概念時，認為荀子是儒學思想中，最有系統的闡述社會組織的」〔註6〕主要依據的是荀子，隨時科學思潮不斷地進入中國以後，荀學的現代意義得以闡發，實頗有先導之功。

可看出荀子的影響正如譚嗣同所言：「二千年來，皆荀學也」，荀子的地位既然可以流傳二千年，則荀學也必有其可取之處。荀子敢於批判諸子，超越古人，以理性的天人之分天道觀、性惡的人性觀、積習的教育觀等思維，又提善假於物的學習方法，對外在客觀環境的重視，以知通統類的掌握，並符求驗證；為文連類比喻，借物寓意，……等等都是符合「科學」精神。張麗珠說：「荀子重經驗、實徵、持自然天道觀的學術精神，便因與清儒之實證取向相近，而得到了清儒的相當推崇」〔註7〕。從整體發展來看，荀子禮學所詮釋乃是仁、禮、心等之內容，是自覺價值的判斷，是實踐好善惡惡的教育，故學說必然要化為行動而在日常生活中具體實現；就哲理體現而言，以禮做為化性起偽的活動中，生命全然表現人格價值之實踐與成長，進而也就取消了身心、社會、國家的對立或不和諧。

荀子生命教育是一種實踐的儒學，能帶出科學的精神，更是儒學本質傳承的意義，也是重視生命價值的開發與人類尊嚴的貞定，他擘畫出人類走向格致誠正修齊治平的終極理想。

第二節　荀子生命教育的全人關懷

荀子的禮涵蓋的層面極為寬廣，可以做為儒學生命教育的重新開發。以

〔註 4〕梁啟超：《清代學術概論》（上海：上海古籍出版社，2000 年），頁 62。

〔註 5〕參考趙虎、吳冰：〈論晚清諸學研究中「以西釋子」的學術特色〉《河北經貿大學學報（綜合版）》，第 7 卷，第 3 期（2007 年 9 月），頁 38～42。

〔註 6〕如嚴復以荀子〈王制〉：「人能群，彼不能群」的說法，以解釋斯賓塞的群學。見嚴復：《嚴復集》（北京：中華書局，1986 年 1 月）第一冊，頁 16。

〔註 7〕張麗珠：《清代義理學新貌》（台北：里仁書局，1999 年 5 月），頁 242。

對個體自身而言，可以透過禮的調節、導引使人之不完美之性趨向完美的發展；就群體社會而言，禮為治國理民的資藉，禮可建構一個以生命教育的理想社會。也就是說荀子禮論發展的最終目標與關懷，便是建立一人文之極的價值理想，以及在德治上可以擁有「體常而盡變」的運用智慧，荀子禮與生命教育，今後可以朝向更全人教育的發展，做注重人的潛能發展，人類發方向的根據、以倫理學建構全人的生命教育。

一、注重人的潛能發展

作為目的本身的人類能力發展，包含了多元性的內容，如思維、認知、聯想、意志、活動、社交、處世、自徑、欣賞、達起，模仿能力……等等，它共同展現著人類全部本質的力量，這種力量蘊藏於人類的每一個人身上，並通過個體能動的活動方式和生活方式表現出來。魏英敏認為：「所有這些能力構成了人把自己從自然中提升出來，成為主宰萬物和自身生活的主體根本條件，是一種人之所以能夠具有主體性的內在根據。」〔註8〕在儒學中荀子是很特別注重心理層面的學理，而且認為面對一切的文明挑戰，化解各種人世的蔽病，必須先開發自己的心理，由於當時人們過分注重從外在環境掠奪索取的發展，把功利實用做為評判一切事理的價值，人們從質的印象轉而為功利的概念來表達，也使得人的智能、道德觀和審美觀變得十分貧乏，個體的生命功能也被忽過在外在的追逐之中，文化已忽略了最重要的內容，即一種屬人的價值。

荀子強調潛能的修養，清明心的獲得，是從身體重要的特化器官——人腦，以人腦作為物質載體，人類具有了一種特殊的能力即智能，以此智能人不但能夠認識觀事物的種種結構和屬性，而且能夠了解事物各種的關係，和主體人類之間的關係，從而能用天、制天，凡天所生之萬物，人可以制造和使用，以之克服人類的局限和不啻，而且還以此工具代替自己作用於客觀對象，使自己得抵抗及戰服一切，故亞里斯多德曾說：「人的特殊功能是根據理性原則而具有理性的生活。」〔註9〕蓋人的作用不僅僅是生命的，因為動植物也有有生命，人有特殊的求解能力，這樣的能力可能一切動物都有，但人能

〔註8〕魏英敏主編：《新倫理學教程》（北京：北京大學出版社，2015 年 7 月），頁434。

〔註9〕周輔成：《西方倫理學名著選輯》上卷（北京：北京商務書店，1987 年 10 月），頁280。

讓自己具有理性，則獨樹一格於萬物，這正如荀子所述人的清明心的功能，是理性智慧的力量，是人使從動物中而為萬物之靈的動力。

二、開展人性向上的力量

以達聖人為止乎的境界，因為人格的差異不是先天的差別，而是後天的積靡的程度不同而顯露聖人、小人之距離，因此透過學，便可提升自我的境界，從野而雅、小人而聖人，達到全而粹生命教育的理想。「學」在荀子的視域裡非常重要，如同孟子般的「逆覺體證」的修養之道在荀子身上完全找不到，由於重智的性格，使得他格外強調後天的積思慮、習偽故及誦經讀禮的進路，正如湯恩比認為：「文明與進步即是應戰回答了挑戰的結果，衡量實際進步的尺度是看挑戰和應戰的行動，從物質水平過到精神水平的程度。這種從宏觀世高到福觀世界的行動過程，是一種提醇的過程」〔註10〕這是逐漸積累的文明，只有它自己在自己的內部戰場上向本身提出挑戰，才能最終贏得決定性的勝利。故文明、進步以及社會的成長，都在某程度上依賴於人類精神的奮發與心靈上的不斷進取，依賴人們開掘自己的能量，發自己的願望；除此之外，還要人能夠選擇親近賢師、良友；因為賢師可以糾正人的疏失、偏差的地方，所聞的盡是堯舜禹湯之道；而良友則可以互相砥礪切磋，所見的都會是忠信辭讓之行，不管是有形還是無形的影響，都可以變化人的氣質。最後，還有環境的抉擇，人之性惡乃受外在的感染之故，因此有重環境、親君子等生命教育。

三、禮運大同的終極關懷

天下平治是儒學的起點，也是儒學的最終發展，由於荀子對政治之正理平治展現了強烈的使命感，凸顯禮與強化禮，目的只為建立社會的規範和秩序；再加上對「禮義之統」的重視，目的是要以禮義的統攝條貫之理架構一個以禮教型範的人文化成的大同世界。理想的藍圖須兼具和諧穩定的社會秩序、維齊非齊的經濟型態，而實踐之道別無他法，唯有遵循聖人創制之禮義法度而行，同時主政者能落實禮教做為生活型態，擁有靈活權變的教育模式，在今日強調禮理的社會，實在更應該合理地運用荀子教育觀，以符合時代需求。

〔註10〕魏英敏主編：《新倫理學教程》（北京：北京大學出版社，2015 年 7 月），頁 438。

　　從荀子對人文之極的建立和正理平治的政治理想，雖然荀子發展了孔子外王禮憲一面，似乎輕忽了內聖心性一面的義理，事實上，其禮論備足了內外之道。個體的意義須於群體中呈現，個體又是群體穩定的基礎，因此每一個人依其所屬的身份、扮演的角色不同，在個體一個人的時候是一種表現方式，在群體之中又是另一種表現方式，所以個體修養的完成與群體社會外王的實現並不是斷裂，也沒有先後的差別，反而可以一體呈現同時達成，這是荀子「內聖外王」的特別處。可發現其思想之轉折與理論之架構隱然有悖離孔孟的理路；但是，在歷史的列位中仍將之置於儒學之林，或許可以看待為，荀子之理論對於孔孟而言是一種「新的」發展方向，在孔孟對時代的回應與闡揚下，對應其所遺留下來的發展空間之掌握，亦即對客觀結構之發揮正是荀子異於孔孟的最大關鍵。先秦有荀子如此，宋明之時朱子亦然。若就儒學的發展的角度來審視荀子思想之價值與其定位，孔子以「攝禮歸仁」為其基本之構，孟子偏重於「性善」的強調，荀子則承納孔子禮的一方；孟子為「尊德性」，強調本心善性，荀子為「道問學」，重視規範秩序，由此形成了儒學教育的兩翼展翅。

　　時至今日，重新省視荀學教育思想時，追問其現代意義為何？此時不免要問，高倡科技文明的時代裡，當文化的重心已愈來愈落於唯物層面的同時，人的價值觀、秩序觀也隨之轉移。當人們不自覺的落入現實事物之追求，這也說明了科技的發展、時代的進步，人對現實經驗的重視益發明顯與膨脹，然而社會資源有限，人的欲望追求卻是毫無止盡的競逐，因此人與人之間的最大利益隱含著衝突的可能，因此群體的關係會陷落在現實的利害計算之中。此一個人與群體間功利的社會性格，以及對有限資源的耗損與爭奪，透露了這個時代的危機。荀子思想的完備與精密，實可上溯孔門學術前後推挽、轉化之大體，更可下窺漢代政治興衰治亂、演繹之總樞；並且足以充實儒家人文精神而打通人類所以安身立命之道；隆禮的同時強調法的地位，更是打開一條內聖外王生命教育，終極目的只有一個，亦即建立正理平治、群居和一之大同世界。

第三節　荀子生命教育的展望

　　荀子從客觀經驗的立場發現了人與生俱來之性有流於惡的可能，順著人

性的欲望追求而有自私、自利的傾向，此時若缺乏指引、方向便會引起社會之犯分暴理；因此以聖人創制之禮義做為價值之源，而聖人也同樣是在後天不斷的積累學習、轉化調整而有所成就，這也就代表了所有的價值來源是經由時代的累積、人為理智的努力所結晶而成的，所以群體之秩序也就成了社會生存所必備的。換言之群體社會之秩序的建立進而維護，即為荀子禮教的重要方向，以禮做為調節個體內在之衝突、群體社會之爭奪，以禮來建立一套明分合群之嚴密的社會等級秩序，所以正理平治的理想社會是荀子禮架構的終極意義。

荀子與生命教育乃強調社會群體之關懷面向，他可謂是一位理性主義者，因為他從不否定對現實事物的重視與追求，只是在追求現實層面滿足的同時，絕不能忽略人生還有心靈層面的種種內容，亦即對理想的終極關懷應優先於對現實的追求，所以荀子以禮做為中介，禮可導化人之情性的追求，禮也可以是對最高理想的追尋——學至聖人的學習與實踐之途徑。聖人做為一理想的、圓滿的人格表現，他同時也象徵著一種最高價值與意義之具體化的內容，荀子對此一人格的重視，不在於聖人為一天生的氣質，反而是須經一番努力修養才能成就的，因此人人都可以對此目標而努力，對理想的追求有著優先於對現實滿足的意義或價值，所以安頓生命荀子提出相當明確與清楚的說明，小至個人對人生之得失、禍福、利害……等相應之道，大至推拓對社會、家國甚至是世界的終極關懷，事實上荀子以禮所建立起的哲學高度與應世原則，可提供現代人對生命理想的努力、對現實環境的追求之價值依歸，而這也是荀子禮論最為精彩與價值之所在。

對荀學的研究，學界可從以下幾個方面再繼續努力，於未來有所展望：

一、舊裡開新的創造詮釋

緊密結合儒家天人思想，從各家儒學觀點深入且客觀分析與比較，進而可以達到錢穆所說「舊裡開新」〔註11〕的再詮釋。如在荀子思想中的天、人、心、性、人性、情、欲、禮、義等規範和範疇，並以此基礎上展開心理、宗教、教育、輔導、養生……等生命教育之學科再進行深入的學理。此可以在荀學思想的挖掘和整理，從而重新展現荀學思想在德知、規範、德行、德治

〔註11〕參閱，錢穆：《中國史學名著：錢穆作品精華》（台北：三民書局，2005年3月），序文觀點。

分而互動，道德他律與自律辯正統一的道德生態。又如荀子的人性論、教育觀和基督教的原罪說、盧梭、霍布斯的性惡論以及柏拉圖、亞里士多德、黑格爾、海德格等思想家的比較。又如荀子強調「天人之分」，因此在制天用天的主張中有接近科學的觀念，但是將「自然天」的理論歸本於「禮」，是否因此阻礙了科學的發展可能？這是可以再討論、詮釋與對話。然而筆者的論述中，已然開出其歷史觀的天道概念，亦即荀子的教育觀是有其傳承性，而能為時代性所需求。今荀學中所開展出來的，若能再開展知識技能的觸腳，不斷與現代學術展開對話，這必然是全球化意義所要開發的課題。

二、不斷與現代學術進行對話

因應中國人現代社會在環境、經濟、科學、民主化過程中所出現的道德倫理問題，深入發掘荀學思想可資借鑒的理論資源，進行中西比較研究，薩繆爾曾說：「儒學概念除非參與當代問題，對話和術語，否則就是無用的。……為了成為培育當代倫理為有用的工具，新儒家思維必須與當代理解進行現實性的接觸，調整自身，以便能夠形成嚴肅的對話。」〔註12〕儒家傳統自身必須與它的政治、社會、文化環境一同持續進化，以便能夠形成有效而益於理解的學問。在近數十年來，探討不同實踐領的應用倫理常如雨後春筍般出現，如個人實踐方面的「兩性倫理」、「婚姻家庭倫理」、「生命與醫學倫理」、「工作與休閒倫理」；與整體社會方面，有關「公」議題者如「經濟倫理」、「商業倫理」、「政治倫理」、「媒體倫理、「環境倫理」等，都是可以從荀學中得到提省。說在重視人為本的傳統儒學中，對於各種攸關人的實踐的倫與與省察，都是荀學可以持續開展的研究方向。

三、展現生命教育的落實化

當代生命教育紛紛被重視之際，教育不能只是教育學生以「禮」，不教之以「理」的教育，老師也不能只是上課傳授知識而已，孫效智曾說：「說教很難讓學生心服，更不要說幫助學將價值內在化」〔註13〕故儒學的生命要做出實踐的教育，儒學與其他教育的差異，在儒者之道與理性思維，從宇宙世

〔註12〕薩繆爾森：《中國傳統與生態學概念》，《世界觀》，2006年，第10期，頁111。
〔註13〕孫效智：「倫理與道德二詞，兩者都指與做人有關的態度、品行或行為規範，在此理解下，倫理學與道德哲學可說是同義詞。」〈生命教育的內涵與實施〉《哲學雜誌——生命教育》第35期，2001年5月，頁17～18。

界到一個人的內心，都在儒者的掌握中，透過理性的思考，再複雜的事件都將有簡易的解決辦法。教育者可以透過儒學的實踐而與常與學生展開諮商，目的在助人、照護人的靈魂，其消極的目的是助人度過人生矛盾、挫折及困境，而其積極的目的就在幫助人在生活世界中的定位及安身立命的方法，提升人性尊嚴及價值。如馬瑞諾夫（Lou Marinoff）嘗試從批判心理治療的方式，來區分哲學諮商與心理諮商，他認為哲學諮商，可以同時是一種職業，也是一門專業，過去 2500 多年來，無論是西方或東方的哲學文本，都有許多內容可供日常生活去應用，只要在適當的時間用對觀念，便可以幫助人們解決他們的問題。「儒學是一種生命的學問，將之諮商教育的模式，可以對現代主流心理治療的做為導正，儒者是生活的實踐者，不在做病理化的診斷與醫學化的治療模式，不必關注於諮商技巧的發展，而只是從理念、觀點來加以引導」〔註14〕。馬瑞諾夫又認為：「過度強調諮商技巧會阻礙輔導現場的權變之道，應更重視個人內在的獨特性。」〔註15〕以儒學諮商的目的是協助人們透過困境來了解自己，看見自己與環境的真實樣貌，這才是真正「傳道、授業、解惑」的人師。

荀子提供以聖人為師的原則，讓人在禮制中加以陶冶教化。「天地合而萬物生」（〈禮論〉）天地是萬物生成的根本，禮義是治理事物的根本。聖人是行持禮義的根本與對象，其能以實踐禮義，學習禮義，吸納廣博的知識，以達到盡倫盡制的標準，故作為君子制禮治事的根本，說明君子能參透天地之道，制定禮義之文，使天地萬物有條有理，負向生命能導之安順。

現今時代若發展儒學生命教育，使之做為一種生命的實務，是根據每一個人特有的方式進行，每一個人的活動，都是受到細微且息息相關的行動所牽連，彼影響著，這種影響力往往要經年累月才完全展現出來。如阿肯巴赫在《哲學實踐》所說：「哲學的具體形象是哲學家，就如同一種特定的哲學教育，就是哲學實踐。」〔註16〕認為哲學只有透過其實踐，透過個人的同理的經驗，以及思考主習的知性鍊，才能真正被了解，儒學的實踐亦是如此。人

〔註14〕 參考李欣霖，《唐君毅生命療癒思想》（嘉義：南華大學哲學研究所，2012 年 6 月），頁 125。

〔註15〕 馬瑞諾夫著，吳四明譯：《柏拉圖靈丹——日常問題的哲學指南》（台北：方智出版社，2009 年 2 月），頁 37。

〔註16〕 參見馬瑞諾夫著，吳四明譯：《柏拉圖靈丹——日常問題的哲學指南》（台北：方智出版社，2009 年 2 月），頁 38。

身為全人類中的一小部份，置身其中而想要看清楚整體變化，如果只是透過心理的治療，將焦點放在一個片段中，會發現解決了一個部份又發現了另一個部份，東修西補永遠無法有個問題存在那裡，為了應付這些問題，人們疲於奔命在生活之中，但是不知道問題的來源是出於一個內在因素，這個因素的探究必須靠整體的療癒，儒學可以做為一種生命整體的療癒之道。

荀學承繼孔子內聖外王一脈的發展，自然是無法拋棄傳統、擺脫儒家的視域，其能重視客觀義理的發展、強調現實世界之實然層面，將孔孟過於理想的主張給予轉化與擴充，以期能符應現實環境之需求。荀子之重禮，對禮能給人進行深刻的反省與探究，並且賦予人生命秩序的實用意義，這是其思想之精彩與價值之處。荀子的生命教育是能將生命的範疇擴大，不斷應用於道德倫理及當今各類的學術等，故對傳統理論與現代理論的對話、轉型與比較，在在能引發今人對傳統理論的肯定與實用，這都是深而廣化對荀學思想的展望。

第四節　整體的回顧

一切的社會規範之禮是外鑠而來的非本於內在，因此禮須經由學習，一切的文化及價值在荀子看來都是後天習得的，所以強調外在的權威，此一外在的權威在聖人身上，經由聖人之起禮義、制法度對人性進行教化，也正是禮運大同的理想所在。聖人「道貫」之方，即是以「禮」來通體察進行意志，特別是後王之道，正足以表達禮的作用，故他以「禮」來盡「天下之道畢矣」的教育思想。本節乃回應於全文的研究，再做一整體的歸納回顧：

一、荀子的生命哲學

荀子生命內在思維，乃在人性的體察中，人本屬於天生自然之性，而經由社會化的過程，人心可以偏險而走向惡，故曰「性惡」，其對治性可能之惡，其禮義的制定不是依賴道德心而立法，而是依據清析的智慮，故有大清明心的修為，以具有此清明生命是聖人的修養，其以意志及工夫修養，不斷經過後天修行的結果，以達致君子及聖人的境界，故荀子以聖人使其禮教必然可行，將聖人禮教的推動與實踐，必可以讓人們一步一步走向正理平治之大同世界。

在荀子「性惡」的理論中，不再僅以人性的道德了解真理，而是觀察到

欲望的失控可能成惡，故其以欲言性來做為他禮的基源。他以聖人的原點來解讀人，人類的歷史必須在聖人的調適之中，才可能達到平治。聖人定義世界，將禮義的標準制定在人間，依心的標準不斷與歷史對話，在提問與回答之中，已經有了很好的詮釋，所以歷史已經提供了聖人的動源，聖人又能自現其主體，直以實存的方式朗現。人與歷史的互為主體，已被其認識心所掌握。荀子通過化性起偽的教育使人進趨向善，又對性惡論的堅持，以及其對心的開發與對天的運用態度，使其有別於孟子的心性傳統，而開出實用性之生命教育的儒學，對於今日重視的生命教育實有其重大功用。

二、荀子的禮樂與倫理教育

荀子認為「禮」的施行應與人的利己性格結合，為了自身利益，人會將「禮」的限制面發揮出來，去限制別人的欲望，同樣地，別人也會來限制自己的欲望，進而達到動態式的平衡，使社會趨向平穩。這種方式不但在理論上較孟子先自養而後自我克制的方式來得快，在實際上也符合對普遍人性的側面描述，其思想是以禮為主軸的思想建構。故在對人性的體察上，人天生就有生理的欲求，這種欲求如如果沒節制，則世界可能發生爭亂，於是先王不願看到這樣的亂久，所以制定出一套禮儀標準。所說的「先王」、「後王」，事實上指的就是聖人，禮義是一種適應環境的需要，而由上位的有德者所制訂出來的一種制度，其目的是為了矯正人天生的欲望。

生命的開發是先從心的解蔽開始。由枝到本，由外向內，成為禮與理的匯流交通，就是一種是為「生命內景」的開發，如此使心獲得大清明的狀態，才能見著內景的原貌。以知認定人的性，這性就是知性，也就是智性，由智性而見之心，就是認知心，是屬於能知，能知必有所知，在主客關係的境域中呈現，「能所合一」，即心亦能通於物，合然後能成為對外在生命的理解與關懷。當人對於知的能耐，也必須在把握事物的法則之後，才能夠改造外在的事物，故能夠「心如槃水」淨化生命的價值；又對於自然天道、或命定之論皆不足取，他揚棄了對天的神秘因素，他分析了「心」，以「虛壹而靜」的清明概念，能對世界一切做掌握，並建立自立自主的人生觀。

從對人性的觀察、心理的審視，又必須加強身體的力行性，以勸學為首訴求，如子曰：「學而時習之」，荀子也是不斷努力學習，又掌握到品格漸積的修為，一步步要求人人走向君子的目標，甚而人可以為禹的終極掌握。荀

子以禮建構闡發孔子仁學，進而發展出有條理有系統之恢宏理論，對儒家思想之發展及影響既深且鉅，基於以禮為始的理論，企圖將禮由一種儀節轉化成一種絕對的規範，使得宗教性質的禮，轉變為一種文飾人事的儀節。聖人的成就唯一途徑就是「積思慮，習偽故」，故聖人也是從學習中而出來，聖人有制訂禮所需要的條件，因「積善不息、通於神明」，所以有能力制禮，為遍及每個人的生活，其又能「參於天地」故天地之道，無不通曉。

三、荀子的生活藝術與涵養

　　荀子對於人們在生活上有著各種存在的挫折，認為這不是本質的呈現，正如心理學家所謂「時代集體性神經症的代表」[註17]，只有透過聖人禮義的引導，才能化解人性的問題，並以補充各種學說的不足。在創造活動中所實現禮的價值，如人生活創造活動的呈現，通過實現創造的價值，以體會人生的意義，禮的價值在經驗中被實現，而被人所肯定或認同，人生活的關係中包含著意義，也因此而有了對生命的深化度，「藉著對生命的付出與奉獻，如我們的創造成就」[註18]這裡言創造就是人在生活中一切付出與努力，也就是在於對治人類世界偏險邪亂的可能，人類文明可能的一切開創。荀子從而在這樣的限制中找到藝術的生活，也成為其文學觀念，如經典的學習、音樂的教化、言語的溝通等都有其立論，荀子特別以語言是人類修為的展現，儒者不同於其他學者，是因為儒者特別有著生命情操，故必須有一套語言溝通上的專業技能，雖然在語言與實在（reality）之間，荀子是「意圖把人納入語言更嚴密的控制之中。」[註19]然這也是「中國古代哲學家所普遍接受的觀念」[註20]，認為語言只是一種傳達的工具，荀子更認為控制語言，不但有助於對現象的掌握，對社會的紛亂的制約也能發生效果。因此生活中就能進行品格的培養、倫理的規範、禮運的世界建立等倫理的價值。

〔註17〕弗蘭克，黃宗仁譯：《從存在主義到精神分析》（台北：杏文出版社，1986年），頁18。

〔註18〕弗蘭克著：《從存在主義到精神分析》（台北：杏文出版社，1986年8月），頁13。

〔註19〕黃俊傑：《中國經典詮釋傳統（一）通論篇》（台北：臺大出版中心，2006年2月），頁425。

〔註20〕張亨：〈先秦思想中兩種對語言的省察〉，收入氏著：《思文之際論集——儒道思想的現代詮釋》（台北：允晨文化，1997年11月），頁30。

四、荀子的養生療癒與諮商輔導

荀子養生療癒思想上，重視人的自主能動性，強調動對人體健康的意義，是掌握在自己，認為人活著要富有氣，充滿活力，積極面對各種生活的考驗。天不但只是生活的資具，天也是人要去對治的對象。荀子療癒思想，以治氣、養心、養生，則人當不致病，故在其禮觀的引領下身心可以康泰。人的理性的呈現，心慮的發用，有其形上根源，這是「天德」。人能自覺的深入地發現這個理性，也能憤悱向善地發揮這個道德理性，這是「君子守誠」，所以不論其順逆，皆能安之、畏之，而無所憂懼，這是人的對於道德理性的自覺和發用，都是立基於天德之上絕不僅限於追求個體生命的健全，只有整體的健康，個體才有健康的可能，這才是真正符合每一個個體生命的利益，生命以「生之所以然」、「本始材樸」之情欲、血氣、心知等為範疇，荀子的以禮對自然生命的關注，以禮的實踐與身心健康、生命延續的促進，連續著積極的關係，荀子其實是隱然地建了一套禮學治療學的思維。

荀子並以其實踐，以心理開發的知性，透過個人的同理的經驗，運用了禮義的社會正義，是了解儒家實踐之道，即安頓生活一切。人置身其社會中，想要看清楚整體變化，如果只是透過心理的清明，知道問題的來源，乃是出於生命內在因素，這個因素的產生，必須靠整體的療癒，即身心的治療與輔導，荀子的儒學正可以做為一種生命整體的撫慰療癒之道

五、荀子的宗教向度與終極關懷

荀子的天下關懷，是放諸於人類謀生歷程的所有實踐活動，而且社會團體生活中，能群的君子要照顧每一個人，若吃不飽社會將會悖情而動盪，故在關懷上強調禮的「生養」、「開源」、「節流」等的思想，以此達到富而足的目的。有了基本的身理需足的滿足，人與人之間就得不親近；不能辨治人材，人也不能發揮自己的所求，不能讓充分地使用人材，人也不能得到悅樂；沒有有尊嚴的裝飾，人也不能有所榮耀。

荀子推崇禮，做為一種宗教的觀察，其以禮可涵攝一切人倫關係，不僅是行為之準繩，亦是思想言論方向之準繩，不僅為處理社會現象之準繩，亦是應付自然現象之準繩，正是對人類全體關懷。荀子生命教育正是以禮之所以涵攝至廣，蓋因禮中之理也，理無往而不適、無往而不行，隨遇賦形，而成為各種法度規範。因此，理也者乃為天理，凡宇宙萬物俱須遵守，先儒所指

之天道、地道、人道之三才之道，而以天地之道為人道之根基，觀荀子並沒有反對這說法，而且做了些巧妙的修正。質言之，天理即落實而為人所當遵循之規範，故理是禮之體，而作為法度規範是禮之相，儀文行誼實為禮之行，依此禮所對治生活諸現象之問題，從人的本源、個人、人際、社會、天下乃至死亡等，皆可適而用之，荀子將禮外化而為法，其包含言行思想各種規範，可謂為一切規範之總稱，故做為一種宗教的向度，乃是可以成其理論。

綜觀，荀子生命教育的思想模式，可以使社會上下不同階層有所區別，並以此來規定不同階層的人享用相應的財物與待遇。也即是說，社會中每個成員對財物的享用，要根據自身的才智、地位以及收入等客觀實際情況來量才而定。否則就是不符合「禮」的規定。此處講的「禮」實際上就是也另一種意義上的「法」，希望借此對那些不根據客觀實際情況，而由自己無窮欲望任意揮霍財物的驕奢淫逸之徒的生活作出嚴格規定。可知，荀子的生命教育思想，對其後社會影響是非常深遠的，乃是樹立禮為核心的生命教育，他的教育思想成為儒者的另一種面向，不是唱高調的理論，也不是虛無的空談，其不但也符合當時人民的願望，頗具有現代感，更是生命教育的從上游到中下游都關懷到的全人教育思想。

第五節　總結

荀子在二千多年以前就已經為人們開闢大門，而韓非、李斯承襲其思想，大開君王功業，成就二千年來的事功，故所有的思想中，真正開花結果的只有荀子。則荀子之思想必有其傲然挺立的面向，不但不應該有所負向評論，而每為後人所撻伐，更應該有理性的態度承傳這樣的豐厚文化，故黑格爾曾說：「哲學並不站在它的時代以外，它就是對它的時代的實其的知識。同樣，個人作為時代的產兒，更不是站在他的時代以外，他只是在他的特殊形式下表現這時代的特色。」〔註21〕荀子以自我獨特的表達，開發出儒學的另一種面向，其教育觀的基源問題，建立在一個「正理平治」之禮義的人文社會，此乃儒者最為關心的問題。

儒者的教化必然也承續著先人的智慧，劉易齋說：「道德與倫理的規範性

〔註21〕黑格爾著，賀麟、王太慶譯：《哲學史講演錄》第 1 卷（北京：商務印書館，
　　　　1959 年 12 月），頁 57。

通常都深植在民族文化的深沈結構中，它是民族生命的核心，國家社會的主體價值，也是人民生活的表徵。文化雖然永憂在不斷變動中，但事實上卻沒有任何一個民族，可以一旦盡棄其文化傳統而重新開始。」〔註22〕荀子以「道過三代謂之蕩」說出先王的美政良法，三代之時的民學淳樸、生活單純，為政者以德治民，不太過份強調任何形式制度或律法的約束行為，人民自然能各自純潔至善的心性，互助合作、和睦相處，這也是荀子對生命的關懷與理想。正如牟宗三曾說：「從歷史發展說，能實現合理之自由，有『一人』之主體的自由，在政治形態上，亦是一進步。荀子所開出之『知性主體』與『自然』之關係，即理解型態之表現於科學知識一面，則後來無能承之者。荀子之學一直無人講，其精神一直無人解。」〔註23〕。認為這是荀子天真、質樸的生命，他的理念自然流露而不加戕害，是科學的根；隨其生命茁壯，知識累積，可能辨其理則、是非、善惡、利害，可為認知主體的產生，其為民主之根土；生命情感上以樂樂成德，合和於天地、四時、萬物，為儒者之貴，如此守誠而為君子，實司與天地萬物同化，實為聖人的範式，也徵明筆者推為「隱聖」的說法。

又清儒俞樾曾提出「一聖二賢」的主張，建議將《荀子》列入科考系統，說明荀子有其時代需要，針對當局弊病的對治，而荀子禮教往往有一針見血的效果，如云：「今昔《荀子》為經，與《孟子》配次《論語》之後，並立學官，鄉、會試首場即用此一聖二賢之書出題，取士允為千古定論。」〔註24〕就荀子生命教育的思想來看，從內在的審視解蔽到外王的正理平治，已然發展出屬於荀子式以禮為核心的生命教育，更影響其後來的中國人社會成為現代之顯學。

本論從生命教育的角度，在人與己、人與人、人與環境、人與宇宙等向度，以及八大教學課綱等，論述荀子生命教育，其中包括人生的考察、生命哲學、禮樂文化與倫理教育、生活藝術、養生療癒與諮商輔導、宗教向度與終極關懷等內容。學者劉易齋勸勉人要立定自己的生命樹，如云：「在人的一生，其理想、目標、策略、步驟，方法的設定和運作，都需要有一整套嚴謹而

〔註22〕劉易齋等著：《生命教育》（台北：國立空中大學，2011年1月），頁17。
〔註23〕牟宗三：《歷史哲學》（香港：新亞研究所叢刊，1988年9月），頁128。
〔註24〕俞樾：〈取士議〉，《春在堂全書》，冊3（南京：鳳凰出版社出，2010年1月），
頁2142。

又溥博沉雄的價值系統做為基幹。」〔註25〕荀子一生正是如此，其理論以薪傳文化心，以經典智慧為養分，以聖人的典範為準繩，他經過各種的挑戰和考驗，更負起中流砥柱的使命，其人就像一棵堅實挺拔的生命大樹，為後世的生命教育開出康莊大道，成就「隱聖」形象，並期望本論的研究，能達到詮釋荀子的新面向，開出「新荀學」的視域高度。〔註26〕

〔註25〕劉易齋等著：《生命教育》（台北：國立空中大學，2011 年 1 月），頁 333。
〔註26〕筆者推尊荀子為「隱聖」一說，於本論文觀點前後呼應，從心性、倫理、生活、養生、宗教等觀點以合理性的說明一一證明，荀子是儒家的聖人。

參考文獻

一、傳統文獻（按年代序）

1. 〔周〕荀況著，楊倞注，王先謙集解：《荀子集解》，北京：中華書局，1988年。

2. 〔漢〕陸賈著，王利器校注：《新語校注》，北京：中華書局，1986年。

3. 〔漢〕陸賈：《新語》，上海：中華書局，明刻版，子部，冊54。

4. 〔漢〕董仲舒著，蘇輿義證：《春秋繁露義證》，北京：中華書局，1996。

5. 〔漢〕司馬遷：《史記》，北京：中華書局，1959年。

6. 〔漢〕桓寬：《鹽鐵論》，收錄《四庫備要》，上海：中華書局，明刻版，子部，冊54。

7. 〔漢〕桓寬著，王利器校注：《鹽鐵論校注》，北京：中華書局，1996年。

8. 〔漢〕劉向：《法言》、《論衡》，上海：中華書局，明刻版，子部，冊54。

9. 〔漢〕劉向，姚宏續注：《戰國策》，台北：里仁書局，1990年。

10. 〔漢〕劉向：姚振宗輯：《七略別錄佚文》，上海：上海古籍出版社，2008年。

11. 〔漢〕趙岐注，〔宋〕孫奭疏：《孟子注疏》，收入李學勤主編，廖名春、劉佑平整理：《十三經注疏整理本》，臺北：臺灣古籍出版有限公司，2001年。

12. 〔漢〕班固：《漢書》，北京：中華書局，1962年。

13. 〔漢〕鄭玄注，〔唐〕孔穎達正義，李學勤主編：《禮記正義》《十三經注疏整理本》，台北：古籍出版社，2001年。

14. 〔漢〕鄭玄注，〔唐〕賈公彥疏：《周禮注疏》，收入李學勤主編，趙伯雄

整理：《十三經注疏整理本》，台北：臺灣古籍出版，2001 年。

15.〔漢〕王充：《論衡》，收入《四庫備要》，上海：中華書局明刻版，54 冊。

16.〔漢〕應劭：《風俗通》，台北：明文書局，1988 年。

17.〔魏〕徐幹：《中論》，台北：世界書局，1975 年。

18.〔晉〕王弼、韓康伯注疏，〔唐〕孔穎達正義，李學勤主編：《周易正義》《十三經注疏整理本》，台北：臺灣古籍出版社，2002 年。

19.〔晉〕范曄：《後漢書》，北京：中華書局，1973 年。

20.〔唐〕王冰註：《黃帝內經》，北京：中醫古籍出版社，2003 年。

21.〔宋〕程顥、程頤：《二程集》，台北：漢京文化公司，1983 年。

22.〔宋〕陸九淵：《陸九淵集》，北京：中華書局，2012 年

23.〔宋〕朱熹：《四書章句集註》，台北：鵝湖出版社，2008 年。

24.〔宋〕朱熹著、黎靖德編：《朱子語類》，北京：中華書局，1988 年。

25.〔宋〕朱熹著、黎靖德編：《周易本義》，北京：中華書局，2009 年。

26.〔明〕王陽明，吳光等編校：《王陽明全集》，上海：上海古籍出版社，1995 年。

27.〔清〕王聘珍著，王文錦點校：《大戴禮記解詁》，北京：中華書局，1983 年。

28.〔清〕汪中：《述學》，遼寧：遼寧教育出版社，2000 年。

29.〔清〕汪烜輯：《樂經律呂通解》，台北：商務印書館發行，1955 年。

30.〔清〕段玉裁：《說文解字注》，台北：藝文印書館，1999 年。

31.〔清〕俞樾：《春在堂全書》七冊，南京：鳳凰出版社出，2010 年。

32.〔清〕孫希旦撰，沈嘯寰、王星賢點校：《禮記集解》，北京：中華書局，1989 年。

33.〔清〕孫詒讓著，王文錦、陳玉霞點校：《周禮正義》，北京：中華書局，1987 年。

34.〔清〕孫詒讓：《墨子閒詁》，台北：河洛圖書出版社影印，1976 年。

35.〔清〕郭慶藩編：《莊子集釋》，台北：萬卷樓圖書，2007 年。

二、《荀子》注本、研究專書（依姓氏劃序）

1. 王天海：《荀子校釋》上下冊，上海：上海古籍出版社，2009 年 10 月。

2. 孔繁：《荀子評傳》，南京：南京大學出版社，1997 年 11 月。

3. 北大哲學系：《荀子新注》，台北：里仁書局，1983 年 11 月。

4. 江心力：《20 世紀前期的荀學研究》，北京：中國社會科學出版社，2005 年 2 月。

5. 李哲賢：《荀子之核心思想——「禮義之統」及其時代意義》，台北：文津出版，1994 年 8 月。

6. 李哲賢：《荀子之名學析論》，台北：文津出版社，2005 年 10 月。

7. 李滌生：《荀子集釋》，台北：臺灣學生書局，2000 年 3 月。

8. 吳樹勤：《禮學視野中的荀子人學——以知通統類為核心》，北京：齊魯書社，2007 年 9 月。

9. 余家菊：《荀子教育學說》，北京：首都師範大學出版社，2011 年 4 月。

10. 馬積高：《荀學源流》，上海：上海古籍出版社，2000 年 9 月。

11. 周德良：《荀子思想理論與實踐》，台北：臺灣學生書局，2011 年 4 月。

12. 周振群：《荀子思想研究》，台北：文津出版社，1987 年 4 月。

13. 夏甄陶：《論荀子的哲學思想》，上海：上海人民出版社，1979 年 8 月。

14. 徐平章：《荀子與兩漢儒學》，台北：文津出版社，1988 年 2 月。

15. 韋政通：《荀子與古代哲學》，台北：臺灣商務印書館，1992 年 9 月。

16. 廖名春：《荀子新探》，台北：文津出版社，1994 年 2 月。

17. 楊筠如：《荀子研究》，台北：臺灣商務印書館，1974 年 8 月。

18. 楊長鎮：《荀子類的存有論研究》，台北：文津出版社，1996 年 5 月。

19. 梁啟雄：《荀子簡釋》，台北：木鐸出版社，1983 年 8 月。

20. 蔡仁厚：《孔孟荀哲學》，台北，文津出版社，1999 年 9 月。

21. 陸建華：《荀子禮學研究》，合肥：安徽大學出版社，2004 年 12 月。

22. 韓德民：《荀子與儒家的社會理想》，山東：齊魯書社，2001 年 8 月。

23. 劉子靜：《荀子哲學綱要》，台北：台灣商務印書館，1988 年 8 月。

24. 陳大齊：《荀子學說》，台北：中國文化大學出版社，1989 年 5 月。

25. 陳文潔：《荀子的辯說》，北京：華夏出版社，2008 年 2 月。

26. 陳迎年：《荀子的美學精神》，上海：三聯書店，2013 年 2 月。

27. 陳榮慶：《荀子與戰國學術思潮》，北京：中國社會科學出版社，2012 年 12 月。

28. 鮑國順：《荀子學說析論》，台北：華正書局，1993 年 10 月。

29. 魏元珪：《荀子哲學思想》，收入林慶彰主編：《中國學術思想研究輯刊·六編·第三冊》，台北：花木蘭出版社，2009 年 9 月。

30. 龍宇純：《荀子論集》，台北：臺灣學生書局，1987 年 4 月。

三、其他相關專著（依姓氏劃序）

1. 王邦雄等著：《中國哲學史》，台北：里仁書局，2009 年 2 月。

2. 王財貴、馬行誼、周碧香、施枝芳、李芝瑩、陳珧華等：《讀經教育理論與實務》，台北：洪葉出版社，2011 年 6 月。

3. 王力：《中國語言學史》，上海：復旦大學出版社，2006 年 3 月。

4. 王文方：《形上學》，台北：三民書局，2008 年 9 月。

5. 何新：《諸神的起源》，台北：木鐸出版社，1987 年 6 月。

6. 伍振勳：《語言、社會與歷史意識——荀子思想探義》台北：花木蘭文化出版社，2009 年 9 月。

7. 伍振鷟、林逢祺、黃坤錦、蘇永明等合著：《教育哲學》，台北：五南文化，2013 年 9 月。

8. 牟宗三：《歷史哲學》，香港：新亞研究所叢刊，1988 年 9 月。

9. 牟宗三：《中國哲學十九講》，台北：臺灣學生書局，2002 年 8 月。

10. 牟宗三：《生命的學問》，台北，三民書局，2004 年 6 月。

11. 牟宗三：《名家與荀子》，台北：臺灣學生書局，2006 年 9 月。

12. 牟宗三：《心體與性體》（一），台北：正中書局，2008 年 1 月。

13. 牟宗三：《中國哲學特質》，台北：臺灣學生書局，2009 年 12 月。

14. 任繼愈主編：《中國哲學史》，北京：人民出版社，1996 年 1 月。

15. 呂雄、李岳牧、蔡德欽合著：《生命教育概論》，台北：新文京出版社，2011 年 2 月。

16. 李天命：《存在主義概論》，台北：臺灣學生書局，2008 年 9 月。

17. 李學勤：《綴古集》，上海：上海古籍出版社，1998 年 10 月。

18. 李澤厚：《中國古代思想史論》，天津：天津社會科學院出版社，2003 年 5 月。

19. 李零：《長沙子彈庫戰國楚帛書研究》，北京：中華書局，1985 年 7 月。

20. 李景林：《教養的本原——哲學突破期的儒家心性論》，瀋陽：遼寧人民出版社，1998 年 6 月。

21. 李威熊：《中國經學發展史論・上冊》，台北：文史哲出版社，1988 年 12 月。

22. 李欣霖：《儒家治療學》，雲林：春秋學會，2016 年 1 月。

23. 吳幸如、黃創華等著：《音樂治療十四講》，台北：心理出版，2009 年 7 月。

24. 江本勝著，長安靜美譯：《生命的答案，水知道》，台北：如何出版社，2013 年 4 月。

25. 余英時：《中國近世宗教倫理與商人精神》，台北：聯經出版公司，1987 年 1 月。

26. 余英時：《歷史與思想》，台北：聯經出版公司，2004 年 12 月。

27. 余英時：《中國知識階層史論：古代篇》，台北：聯經出版公司，1980 年 9 月。

28. 余英時：《中國傳統思想的現代詮釋》，台北：聯經出版公司，1987 年 3 月。

29. 余英時：《士與中國文化》，上海：上海人民出版社，2003 年 1 月。

30. 周輔成：《西方倫理學名著選輯》上卷，北京：北京商務書店，1987 年 10 月。

31. 宋思揚：《生命科學導論》，北京：高等教育出版社，2004 年 9 月。

32. 林語堂：《生活的藝術》，台北：遠景出版社：1979 年 3 月。

33. 林火旺：《基本倫理學》，台北：三民書局，2009 年 8 月。

34. 林啟屏：《儒家思想中的具體性思維》，台北：臺灣學生書局，2004 年 2 月。

35. 林安梧：《儒學革命論——後新儒家哲學的問題向度》，台北：臺灣學生書局，1998 年 11 月。

36. 林安梧：《道的錯置——中國政治思想的根本困結》，台北：臺灣學生書局，2003 年 8 月。

37. 林安梧：《儒學轉向：從「新儒學」到「後新儒學」的過渡》，台北：臺灣學生書局，2006 年 2 月。

38. 林安梧：《新道家與治療學——老子的智慧》，台北：臺灣商務印書館，2010 年 6 月。

39. 林聰舜：《西漢前期思想與法家的關係》，台北：大安出版社，1991 年 4 月。

40. 林宏星：《合理性之尋求：荀子思想研究論集》，台北：臺大出版中心，2013 年 7 月。

41. 胡適著，季羨林主編：《胡適全集》，河肥：安徽教育出版社，2003 年 9 月。

42. 胡適：《中國哲學史大綱》，上海：上海古籍出版社，2014 年 8 月。

43. 章太炎著，湯志鈞編：《章太炎政論選集》，北京：中華書局，1977 年 11 月。

44. 馮友蘭：《貞元六書》，上海：華東師範大學出版社，1996 年 1 月。

45. 馮友蘭：《中國哲學史》上冊，台北：臺灣商務印書館，2015 年 11 月。

46. 馮契：《智慧的探索》，上海：華東師範大學出版社，1997 年 3 月。

47. 孫廣仁、鄭洪新主編：《中醫基礎理論》，北京：中國中醫藥出版社，2014 年 1 月。

48. 唐君毅：《哲學概論》上下冊，台北：臺灣學生書局，1993 年 1 月。

49. 唐君毅：《中國哲學原論·導論篇》，台北：臺灣學生書局，1980 年 9 月。

50. 唐君毅：《中國哲學原論·原道篇·卷一》，台北：臺灣學生書局，2004 年 10 月。

51. 唐君毅：《中國哲學原論·原道篇·卷二》，台北：臺灣學生書局，2008 年 9 月。

52. 唐君毅：《中國哲學原論·原性篇》，台北：臺灣學生書局，1989 年 11 月。

53. 唐君毅：《中國人文精神之發展》，台北：臺灣學生書局，2000 年 6 月。

54. 唐君毅：《人生之體驗》，台北：臺灣學生書局，2010 年 10 月。

55. 唐君毅：《人生之體驗續編》，台北：臺灣學生書局，1996 年 3 月。

56. 唐長孺：《邯鄲簡史》，北京：中國城市經濟社會出版社，1990 年，10 月。

57. 唐端正：《先秦諸子論叢》，台北：東大圖書公司，2009 年 2 月。

58. 高柏園：《韓非子思想》，台北：文津出版社，1990 年 1 月。

59. 房志榮編：《宗教與人生》上冊，台北，國立空中大學，1988 年 11 月。

60. 曾昭旭：儒學三書1《良心教與人文教——論儒學的宗教面相》，台北：臺灣商務印書館，2003 年，8 月。

61. 曾昭旭：儒學三書2《存在感與歷史感——論儒學的實踐面相》，台北：臺灣商務印書館，2003 年，8 月。

62. 曾昭旭：儒學三書3《儒家傳統與現代生活——論儒學的文化面相》，台北：臺灣商務印書館，2003 年，8 月。

63. 曾仕強：《掌握中國人性的管理法》，台北：方智出版社，1998 年 3 月。

64. 袁行霈主編：《中國文學史》上冊，台北：五南出版社，2009 年 10 月。

65. 袁珂：《山海經校注》，上海：上海古籍出版社，1980 年 7 月。

66. 袁保新：《孟子三辨之學的歷史省察與現代詮釋》，台北：文津出版社，1992 年 2 月。

67. 侯外盧：《中國思想通史》第一冊，北京：人民出版社，1957 年 3 月。

68. 崔大華：《儒學引論》，北京：人民出版社，2001 年 9 月。

69. 張蕙蕙：《中國古代樂教思想論集》，台北：文津出版社，1990 年 1 月。

70. 張世英：《儒學：歷史、思想與信仰》，北京：北京商務印書館，2011 年。

71. 張灝：《梁啟超與中國思想的過渡（1890～1907）》，南京：江蘇人民出版社，1997 年 1 月。

72. 張岩：《從部落文明到禮樂制度》，上海：上海三聯書店，2004 年 5 月。

73. 張亨：《思文之際論集——儒道思想的現代詮釋》，台北：允晨文化公司，1997 年 11 月。

74. 張福建：《正義及其相關問題》，台北：中央研究院中山人文社會科學研究所，1991 年 5 月。

75. 張麗珠：《清代義理學新貌》，台北：里仁書局，1999 年 5 月。

76. 徐敏雄：《台灣生命教育的發展歷程：Mannheim 知識社會學的分析》，台北：師大書苑，2007 年 8 月。

77. 徐復觀：《中國人性論史·先秦篇》，台北：臺灣商務印書館，2010 年 7 月。

78. 徐復觀：《學術與政治之間》，台北：臺灣學生書局，1985 年 4 月。

79. 溫帶維：《正視困擾——哲學輔導的實踐》，香港：三聯書局，2010 年 5 月。

80. 黃俊傑：《孟學思想史論‧卷一》，台北：東大圖書公司，1991 年 10 月。

81. 黃俊傑編：《中國經典詮釋傳統（一）通論篇》，台北：臺大出版中心，2006 年 2 月。

82. 黃俊傑：《東亞儒學：經典與詮釋的辯證》，台北：臺大出版中心，2007 年 10 月。

83. 喬清舉：《儒家生態思想通論》，北京：北京大學出版社，2013 年 11 月。

84. 勞思光：《新編中國哲學史‧第一卷》，台北：三民書局，1980 年 11 月。

85. 勞思光：《新編中國哲學史‧三上》，台北：三民書局，2007 年 1 月。

86. 湯一介：《儒釋道與內在超越問題》，江西：江西人民出版社，1991 年 6 月。

87. 葉海煙：《中國哲學的倫理觀》，台北：五南圖書，2002 年 1 月。

88. 葉慶炳：《中國文學史》上下冊，台北：臺灣學生書局，1997 年 6 月。

89. 葛兆光：《中國思想史》第一卷，上海：復旦大學出版社，2009 年 1 月。

90. 葛榮晉：《中國哲學範疇導論》，台北：萬卷樓圖書公司，1993 年 4 月。

91. 廖名春：《帛書《周易》論集》，上海：上海古籍出版社，2008 年 12 月。

92. 錢穆：《兩漢經學今古文平議》，台北：東大圖書公司，2003 年 8 月。

93. 錢穆：《先秦諸子繫年》，台北：東大圖書公司，2008 年 7 月。

94. 錢穆：《中國史學名著：錢穆作品精華》，台北：三民書局，2011 年 1 月。

95. 潘德榮：《詮釋學導論》，台北：五南圖書，2002 年 9 月。

96. 潘顯一、冉昌光主編：《宗教與文明》，成都：四川人民出版社，1999 年 5 月。

97. 熊十力：《讀經示要》，上海：上海書店出版社，2009 年 7 月。

98. 熊偉：《現象學與海德格》，台北：遠流出版社，1994 年 10 月。

99. 熊鈍主編：《辭海》上冊，台北：臺灣中華書局，1980 年 3 月。

100. 彭孟堯：《知識論》，台北：三民書局，2009 年 6 月。

101. 楊儒賓：《中國古代思想中的氣論及身體觀》，台北：巨流圖書公司，1993 年 3 月。

102. 楊儒賓：《儒家身體觀》，台北：中央研究院中國文哲研究所，1996 年 12 月。

103. 楊儒賓、黃俊傑：《中國古代思維方式探索》，台北：正中書局，1996 年 11 月。

104. 楊定一：《真原醫》，台北：遠流出版社，2013 年 4 月。

105. 楊寬：《戰國史》，上海：上海人民出版社，1981 年 11 月。

106. 楊祖陶、鄧曉芒編譯：《康德三大批判精粹》，北京：人民出版社，2001年 12 月。

107. 梁啟超：《清代學術概論》，台北：臺灣商務印書館，1985 年 2 月。

108. 梁啟超：《飲冰室文集》，北京：中華書局，1989 年 3 月。

109. 梁啟超：《中國近三百年學術史》，台北：里仁書局，1965 年。

110. 梁啟超：《論中國學術思想變遷之大勢》，上海：上海古籍出版社，2001年 9 月。

111. 傅佩榮：《儒家哲學新論》，台北：聯經出版社：2010 年 12 月。

112. 傅偉勳：《西洋哲學史》，台北：東大圖書，2009 年 5 月。

113. 蔡仁厚：《中國哲學史》上下冊，台北，臺灣學生書局，2009 年 7 月。

114. 蔡仁厚：《儒家思想的現代意義》，台北，文津出版社，1999 年 3 月。

115. 蔡仁厚：《孔門弟子志行考述》，台北，商務印書館，2011 年 3 月。

116. 蔡錦昌：《從古代思考方式論較——荀子思想之本色》，台北：唐山出版，1989 年 3 月。

117. 蔡培村、武文瑛編著：《成人教育學》，台北：麗文文化，2010 年 12 月。

118. 鄒川雄：《中國社會學理論》，台北：紅葉文化，1999 年 1 月。

119. 蔣年豐：《文本與實踐〔一〕——儒家思想的當代詮釋》，台北：桂冠圖書，2000 年 8 月。

120. 蔣年豐：《文本與實踐〔二〕——西方解釋學觀點》，台北：桂冠圖書，2000 年 8 月。

121. 蔣年豐：〈從思孟後學與荀子對「內聖外王」的詮釋論形氣的角色與義涵〉《中國古代思想中的氣論及身體觀》，台北：巨流圖書，1993 年 3 月。

122. 劉大杰：《中國文學史發展史》，台北：華正書局，1983 年 5 月。

123. 劉易齋、鄭志明、孫長祥、孫安迪、楊荊生等合著：《生命教育》，台北：國立空中大學，2011 年 1 月。

124. 劉笑敢：《兩種自由的追求——莊子與沙特》，台北：正中書局，1994 年 7 月。

125. 劉藍：《中國音樂美學》，台北：文津出版社，2006 年 7 月。

126. 郭沫若：《郭沫若全集》卷一，北京：人民出版社，1982 年 3 月。

127. 郭紹虞：《中國文學批評史》，台北：五南出版社，2009 年 3 月。

128. 陳立：《白虎通疏證等二種》，台北：鼎文書局，1973 年 9 月。

129. 陳來：《古代宗教與倫理——儒家思想的根源》，北京：三聯書店，2009 年 4 月。

130. 陳來：《古代思想文化的世界——春秋時代的宗教、倫理與社會思想》，北京：三聯書店，2009 年 4 月。

131. 陳定閎：《中國社會思想史》，台北：五南出版社，1995 年 3 月。

132. 陳特：《倫理學釋論》，台北：東大圖書，2010 年 1 月。

133. 陳亞軍：《形而上學與社會希望——羅蒂哲學研究》，南京：江蘇人民出版社，2009 年 6 月。

134. 陳榮華：《海德格存有與時間闡釋》，台北：臺大出版中心，2012 年 2 月。

135. 陳榮華等合著：《西洋哲學傳統》，台北：臺大出版中心，2006 年 11 月。

136. 陳福濱：《生命教育的理論與實務》，台北：寰宇出版社，2000 年 11 月。

137. 陳啟雲：《中國古代思想文化的歷史論析》，北京：北京大學出版社，2001 年 2 月。

138. 陳鼓應：《道家易學建構》，台北：臺灣商務印書館，2003 年 7 月。

139. 陳鼓應：《先秦道家之禮觀》，北京：北京語言文化大學，2000 年 3 月。

140. 陳德光：《生命教育與全人教育》，台北：幼獅出版社，2010 年 10 月。

141. 譚嗣同著，蔡尚思編：《譚嗣同全集》，北京：中華書局，1981 年 3 月。

142. 魏英敏主編：《新倫理學教程》，北京：北京大學出版社，2015 年 7 月。

143. 釋聖嚴：《比較宗教學》，台北：中華書局，1968 年 6 月。

144. 鄒昌林：《中國古禮研究》，台北：文津出版社，1992 年 9 月。

145. 蕭公權：《中國政治思想史》，台北：聯經出版，1982 年 6 月。

146. 嚴復：《嚴復集》第一冊，北京：中華書局，1986 年 1 月。

四、日本學者專書（以姓氏劃序）

1. 內山俊彥：《荀子》，東京：講談社學術文庫，1999 年。

2. 赤塚忠：《中國古代思想史研究》，東京：研文社，1987 年。

3. 佐藤將之：《荀子禮治思想的淵源與戰國諸子之研究》，台北：臺大出版

中心，2013 年 12 月。

4. 岸見一郎：《拋開過去，做你喜歡的自己——阿德勒的勇氣心理學》，台北：方舟文化出版社，2015 年 4 月。

五、西方學者專書（以英文開頭字母劃序）

1. 阿德勒（Alfred Adler）著，吳書榆譯：《阿德勒心理學講義》，台北：經濟新潮社，2015 年 5 月。

2. 叔本華（Arthur Schopenhauer）著，陳曉南譯：《叔本華論文集》，台北：志文出版社，1983 年 5 月。

3. 馬斯洛（Abraham Harold Maslow）著，唐譯編譯：《人本哲學》，長春：吉林出版集團，2013 年 8 月。

4. 榮格（Carl G. Jung）：《榮格文集，第七卷——人、藝術與文學中的精神》，北京：國際文化，2011 年 5 月。

5. 格爾茨（Clifford Geertz）著，韓莉譯：《文化的解釋》，南京：譯林出版社，2002 年 1 月。

6. 查爾斯·霍頓·庫利（Charles Horton Cooley）著，包凡一、王源譯：《人類本性與社會秩序》，北京：華夏出版社，1999 年 1 月。

7. 孟旦（Donald J. Munro）著，丁棟、張興東譯：《早期中國『人』的觀念》北京：北京大學出版社，2009 年 9 月。

8. 涂爾幹（Emile Durkheim），渠東譯：《社會分工論》，台北：左岸文化，2002 年 4 月。

9. 黑格爾（Georg Wilhelm Friedrich Hegel）著，潘高峰譯：《黑格爾歷史哲學》，北京：九州出版社，2011 年 9 月。

10. 黑格爾（Georg Wilhelm Friedrich Hegel）著，賀麟、王太慶譯：《哲學史講演錄》，北京：商務印書館，1959 年 12 月。

11. 弗朗索瓦·于連（Francois Jullien）著，閆素偉譯：《聖人無意——哲學的他者》，北京：商務印書館，2004 年 9 月。

12. 伽達默爾（Hans-Georg Gadamer）著，洪漢鼎譯：《真理與方法I、II》，北京：北京商務印書館，2013 年 3 月。

13. 哈維·弗格森著（Harvie Ferguson），劉聰慧、郭之天、張琦譯：《現象學社會學》，北京：北京大學出版社，2010 年 9 月。

14. 歐文・亞隆（Irvin D. Yalom）著，易之新譯：《存在心理治療》上下冊，台北：張老師文化，2011 年 3 月。

15. 康德（Immanuel Kant）：《純粹理性之批判》，北京：商務印書館，1960年 6 月。

16. 康德（Immanuel Kant）:《康德歷史哲學論文集》，台北：聯經出版，2013年 6 月。

17. 羅爾斯（John Rawls）著，何懷宏、何包鋼等譯：《正義論》，北京：中國社會科學出版社，1988 年 3 月。

18. 約翰・哈伍德・希克（John Harwood Hick）:《宗教之詮釋——人對超越的回應》，台北：聯經出版社，2013 年 9 月。

19. 雅斯培（Karl Theodor Jaspers）著，魏楚雄、俞新天譯：《歷史的起源與目標》，北京：華夏出版社，1989 年。

20. 杜威（John Dewey）: Human Nature and Conduct《人的本質和行為》，New York：Henry Holt and Company 2002。

21. 馬丁・布伯（Martin Buber）著，陳維剛譯：《我與你》，台北：桂冠圖書，2011 年 3 月。

22. 馬林諾斯基（Malinowski）著，費孝通譯：《文化論》，北京：華夏出版社，2002 年 1 月。

23. 梅納德・赫欽斯（Maynard Hutchins）著，陸有詮譯：《民主社會中教育上的衝突》，台北：桂冠圖書，1994 年 8 月。

24. 馬瑞諾夫（Marinoff Lou）著，吳四明譯：《柏拉圖靈丹——日常問題的哲學指南》，台北：方智出版社，2009 年 2 月。

25. 海德格（Martin Heidegger）著，陳嘉映、黃慶節合譯：《存在與時間》，北京：北京三聯書店，2012 年 6 月。

26. 韋伯（Maximilian Karl Emil Weber）著，康樂等編譯：《支配的類型：韋伯選集（III）》，台北：遠流出版社，1996 年 3 月。

27. 韋伯（Maximilian Karl Emil Weber）著，顧忠華譯，《社會學的基本概念》，台北，遠流出版社，1997 年 7 月。

28. 韋伯（Maximilian Karl Emil Weber）著，王容芬譯：《世界宗教的經濟倫理：儒教與道教》，北京：商務印書館，2008 年 12 月。

29. 瑪莎・努斯鮑姆（Martha C. Nussbaum），《詩性正義──文學想象與公共生活》，北京：北京大學出版社，2010 年 1 月。

30. 保羅・田立克（Paul Johannes Tillich）著，羅鶴年譯：《信仰的能力》，台南：教會公報，1999 年 8 月。

31. 保羅・利科（Paul Ricoeur）著，姜志輝譯：《歷史與真理》，上海：譯文出版社，2004 年 11 月。

32. 昆廷・斯金納（Quentin Skinner）著，王加豐等譯：《霍布斯哲學中的理性與修辭》，上海：華東師範大學出版社，2005 年。

33. 羅洛・梅（Rollo May）著，龔卓軍譯：《自由與命運》，台北：立緒出版社，2010 年 3 月。

34. 羅洛・梅（Rollo May）著，彭仁郁譯：《愛與意志》，台北：立緒出版社，2010 年 3 月。

35. 理查德・羅蒂（Richard McKay Rorty）著，徐文瑞譯：《偶然・反諷與團結：一個實用主義的政治想像》，台北：麥田文化，1998 年 7 月。

36. 理查德・羅蒂（Richard McKay Rorty）著，李幼燕譯：《哲學和自然之鏡》，北京：商務印書館，2012 年 10 月。

37. 理查德・羅蒂（Richard McKay Rorty）著，黃國清譯：《後形而上學希望》，上海：上海譯文出版社，2009 年 1 月。

38. 理查德・羅蒂（Richard McKay Rorty）著，黃勇譯：《後哲學文化》，上海：上海譯文出版社，2009 年 1 月。

39. 羅伯托・曼加貝拉・昂格爾（Roberto Mangabeira Unger）著，諶洪果譯：《覺醒的自我──解放的實用主義》，北京：北京大學出版社，2012 年 1 月。

40. 舒斯特（Shlomit C. Schuster）著，張紹乾譯，《哲學診治》，台北：五南出版社，2007 年 1 月。

41. 史蒂夫・鮑姆嘉納、瑪麗・克羅瑟斯（Steve. R Baumgardner & Marie K. Crothers）合著，李政賢譯：《正向心理學》，台北：五南圖書，2014 年 9 月。

42. 湯馬士・伯格（Thomas Pogge），顧肅、劉雪梅譯：《羅爾斯與正義論》，台北：五南出版社，2010 年 5 月。

43. 弗蘭克（Viktor E. Framk）著，黃宗仁譯：《從存在主義到精神分析》台北：杏文出版社，1986 年 8 月。

44. 弗蘭克（Viktor E. Framk）著，趙可式、沈錦惠譯，《活出意義——從集中營說到存在主義》，台北：光啟文化事業，2010 年 10 月。

45. 維克多‧法蘭可（Viktor E. Framk）著，鄭納無譯，《意義的呼喚》，台北：心靈工坊，2010 年 7 月。

46. 弗蘭克（Viktor E. Framk）：《生命的主題》，台北：遠流出版社，1999 年 5 月。

47. 弗蘭克（Viktor E. Framk）著，游恆山譯：《生存的理由》，台北：遠流出版社，1991 年 7 月。

48. 弗蘭克‧梯利（Frank Thilly）著，何意譯：《倫理學導論》，桂林：廣西師範大學出版社，2002 年 1 月。

49. 狄爾泰（Wilhelm Dilthey）：《狄爾泰全集》第 7 卷，Gesammelte Schirften, VI. Band, Leipzig Berlin 1927。

六、學位論文（依姓氏劃序）

1. 王瑤敏：《孔子生命教育思想之研究——以「仁」為中心》，嘉義：南華大學哲學系，2008 年 6 月，碩士論文。

2. 朱曉海：《荀子之心性論》，香港：香港大學博士論文，1993 年 6 月。

3. 吳妙茜：《程頤生命教育思想研究》，嘉義：南華大學哲學與生命教育研究所，碩士論文，2009 年 6 月。

4. 林金宵：《程顥生命教育思想研究》，嘉義：南華大學哲學與生命教育研究所，碩士論文，2009 年 6 月

5. 李欣霖：《唐君毅生命療癒思想研究》，嘉義：南華大學哲學與生命教育研究所，碩士論文，2012 年 6 月。

6. 陳舒吟：《《列子》對生命教育的啟示》，台北：輔仁大學宗教學研究所碩士論文，2011 年 6 月。

7. 蔡宗祺：《論荀子生死智慧對生死教育意義之研究》，台北：華梵大學哲學系碩士班，碩士論文，2012 年。

七、期刊、會議論文（依姓氏劃序）

1. 尤淑如：〈作為倫理實踐的哲學諮商〉《哲學與文化》第卅七卷，第一期，台北：輔仁大學天主教學術研究院，2010 年 1 月。

2. 王祥齡：〈論荀子禮法之法理思想〉《第三屆中國文哲之當代詮釋學術研討會會前論文集》，台北：國立臺北大學中國語文學系，2007 年 10 月。

3. 田富美：〈清儒心性論中潛藏的荀學理路〉《孔孟學報》第 85 期，2007 年 9 月。

4. 伍振勳：〈荀子的「身禮一體」觀──從「自然的身體」到「禮義的身體」〉《中國文哲研究集刊》，第 19 期，2001 年 9 月。

5. 池田知久：〈郭店楚簡〈窮達以時〉研究（上）、（下）〉，《古今論衡》，第 4 期，2000 年 6 月。

6. 吳庶深、曾煥棠、詹文克：〈先進國家與我國中等學校生命教育之比較〉《教育部委託專案研究計畫報告》，台北：教育部委託研究，2002 年 12 月。

7. 朱榮智：《孔子的生命教育思想》《教育資料集刊》，第二十六輯，1993 年。

8. 何淑靜：〈由「聖人」看荀子的「知禮義」與「虛壹靜」〉《當代儒學研究第十一期》，2011 年，12 月。

9. 余德慧：〈台灣生命教育的社會文化介面及其論述的產生〉《教育資料與研究專刊》，2007 年 12 月。

10. 李學勤：〈帛書《五行》與《尚書・洪範》〉《學術月刊》，上海，1986 年，5 月。

11. 李瑞全：〈從儒家之終極關懷論生命倫理學之方向〉，台北，應用倫理研究通訊，第 37 期，2000 年 2 月。

12. 林軍：〈試論清代乾嘉諸子學興起的文化意義〉《紹興文理學院學報》第 23 卷第 6 期，2003 年 12 月。

13. 林端：〈全球化下的儒家倫理──社會學觀點的考察〉，第二屆《中華文明的二十一世紀新意義》學術研討會，美國史丹福大學，2001 年 3、4 月。

14. 林啟屏：〈荀子思想中的「身體觀」與「知行觀」〉《中華文化的傳承與拓新──經學的流衍與應用國際學術研討會論文集》，台北：銘傳大學應用中國文學系，2009 年 4 月。

15. 林啟屏：〈先秦儒學思想中的「遇合」問題——以〈窮達以時〉為討論起點〉《鵝湖學誌》，第 31 期，2003 年 12 月。

16. 林聰舜：〈「禮」世界的建立——賈誼對禮法秩序的追求〉《清華學報》新23 卷，第 2 期，1993 年 6 月。

17. 林俊宏：〈荀子禮治思想的三大基柱——從「化性起偽」、「維齊非齊」與「善假於物」談起〉《政治科學論叢》台北：臺灣大學政治系，第 9 期，1998 年 6 月。

18. 林俊宏：〈氣、身體與政治——《老子河上公注》的政治思想分析〉《政治科學論叢》第 19 期，2013 年 12 月。

19. 林軍：〈試論清代乾嘉諸子學興起的文化意義〉《紹興文理學院學報》，第23 卷，第 6 期，2003 年 12 月。

20. 林思伶：〈生命教育的理念與做法〉《台灣地區國中生生死教育教學研討會論文集》，彰化：彰化師範大學，2001 年。

21. 朱曉海：〈孔子的一個早期形象〉《清華學報》，新 32 卷，第 1 期，2002年 6 月。

22. 東方朔：〈《性自命出》篇的心性觀念初探〉《郭店楚簡國際學術研討會論文匯編》第 2 冊，湖北：武漢大學，1999 年 10 月。

23. 東方朔：〈心知與心慮——兼論荀子的道德主體與人的概念〉《國立政治大學哲學學報》，第 27 期，2012 年 1 月。

24. 馮耀明：〈荀子的正名思想〉，《哲學與文化》，第 16 卷，第 4 期，1989年，4 月。

25. 孫效智：〈生命教育的內涵與實施〉《哲學雜誌——生命教育》第 35 期，2001 年 5 月。

26. 張亨：〈荀子對人的認知及其問題〉《文史哲學報》第 20 期，1971 年 6月。

27. 張才興：〈『荀子』天論篇について—天道思想と礼治主義への一考察〉《九州大学中國哲学論集》，第 13 号，1987 年 8 月。

28. 張才興：〈荀子の「性」について〉《九州大学中國哲学論集》，第 15 号，1989 年 10 月。

29. 張才興：〈荀子的制名思想——從〈正名篇〉說起〉《逢甲中文學報》，1991

年 8 月。

30. 張才興：〈荀子的制名思想——從〈正名篇〉說起〉《逢甲中文學報》，1991 年 8 月。

31. 張才興：〈荀子的禮義之治與法治〉《逢甲中文學報》，1994 年 8 月。

32. 張才興：〈與荻生徂徠《讀荀子》有關的幾個問題〉《逢甲中文學報》，2004 年 11 月。

33. 張才興：〈荀子礼治思想のプロフイーロ〉《逢甲人文社會學報》，2005 年 12 月。

34. 張壽安：〈打破道統重建學統——清代學術思想的一個新觀點〉《中央研究院近代史研究所集刊》，第 52 期，2006 年 6 月。

35. 鈕則誠：〈生命教育的哲學反思〉《哲學與文化》，第三十一卷第九期，2004 年 9 月。

36. 曾春海：〈荀子思想中的「統類」與「禮法」〉《儒家哲學論集》台北：文津出版社，1989 年。

37. 黃俊傑：〈試論儒學的宗教性內涵〉《臺大歷史學報》第 23 期，1999 年 6 月。

38. 黃俊傑：〈荀子非孟的思想史背景——論〈思孟五行說〉的思想內涵〉，《台灣大學歷史學報》，第 15 期，1990 年 7 月。

39. 楊秀宮：〈孔子與荀子「正名論」之比較〉，《東海學報》第 40 卷，第 1 期，1999 年 7 月。

40. 蔡信安：〈論孟子的道德抉擇〉《臺大哲學論評》第 10 期，1987 年 1 月。

41. 蔡錦昌：〈細柔的「一」與粗硬的「一」——評兩種德國的荀子研究〉「荀子研究的回顧與開創國際研討會」，雲林：雲林科技大學漢學所，2006 年 2 月 18 日。

42. 阮芝生：〈貨殖與禮義——《史記‧貨殖列傳》析論〉《臺大歷史學報》，第 19 期，1996 年 6 月。

43. 許麗芳：〈兩種「透明意識」——莊子、荀子的比較〉《漢學研究》，第 21 卷，第 2 期，2003 年 12 月。

44. 簡均儒：《清代荀子文獻研究》，國立臺灣大學，中國文學研究所，碩士論文。

45. 梁佑典：〈論荀子思想的宗教性面向〉《當代儒學研究》第十一期，2011年12月。

46. 梁濤：〈荀子與《中庸》〉《中國社會科學院研究生院學報》，2002年第5期。

47. 梁濤：〈《性情論》與《孟子》「天下之言性」章〉，收錄廖名春編：《清華大學思想文化研究所、輔仁大學文學院聯合主辦——新出楚簡與儒學思想國際學術研討會論文集》北京，2002年10月。

48. 葉仁昌：〈思想史方法的再思：理論與材料的整合〉《法商學報》，第34期，台中，國立中興大學法商學院，1998年8月。

49. 趙虎、吳冰：〈論晚清諸學研究中「以西釋子」的學術特色〉《河北經貿大學學報（綜合版）》，第7卷，第3期，2007年9月。

50. 臺靜農：〈兩漢樂舞考〉《文史哲學報》，台北：台灣大學文學院，1950年，第一期。

51. 黎建球：〈哲學諮商探論〉《哲學與文化》，第37卷，第1期，輔仁大學哲學系，2010年1月。

52. 梅廣釋：〈修辭立其誠〉：原始儒家的天道觀與語言觀——兼論宋儒的章句學〉《臺大文史哲學報》，第55期，2001年11月。

53. 韓德民：〈荀子性惡論的哲學透視〉《孔孟學報》，第76期，1998年9月。

54. 翟學偉：〈本土心理學研究中的本土資源—從研究對象到研究方法的轉化〉，「家人關係及其心理歷程：第五屆中國人心理與行為科際學術研討會」，台北：中央研究院民族所等主辦，2000年12月8日。

55. 劉又銘：〈從「蘊謂」論荀子哲學潛在的性善觀〉《孔學與二十一世紀國際學術研討會論文集》，台北：政治大學文學院編印，2001年10月。

56. 劉又銘：〈論荀子的哲學典範及其流變〉，「荀子研究的回顧與開創」國際學術研討會（雲林：雲林科技大學，2006年2月17～18日）。

57. 劉振維：〈荀子「性惡」說芻議〉《東中國人文學報》，第6期，2004年7月。

58. 謝大寧：〈比興的現象學——詩經詮釋進路底再檢討〉，收錄於《孔學與二十一世紀國際學術研討會論文集》，台北：國立政治大學文學院，2011年9月。

59. 蔣年豐:〈荀子「隆禮義而殺詩書」涵義之重探——從「克明克類」的世界著眼〉《第一屆中國思想史研討會論文集——先秦儒法道思想之交融及其影響》,1989 年 12 月。

60. 嚴靈峰:〈老莊的認識論〉《輔仁大學哲學論集》,第 17 期,1983 年 7 月。

61. 薩繆爾・辛德:〈中國傳統與生態學概念〉《世界觀》第 10 期,2006 年 5 月。